オールカラー 初心者の『?』がスッキリ解決!

長友英子
荻野優子 著

「わからない」が

わかる

韓国語

ナツメ社

はじめに

みなさん、**안녕하세요**？　楽しく韓国語の学習をなさっていますか？

　この本は韓国語を学び始めた方や、すでに学んではいるけれど、「よくわからない」「これはなぜ？」と疑問をもっている方々を対象にしています。「文字が記号にしか見えない」「発音がどう変わるのかわからない」「変則活用って何？」といった学習者のみなさんの疑問の声を解決する本を目指してつくりました。

　第1章では、韓国語への入り口として、日本語と比べることで韓国語のイメージをもってもらえるようにしました。

　第2章では文字と発音を覚えやすく工夫して紹介しています。コツがわかれば、記号のように見えるハングルも覚えやすくなります。ただ、韓国語は文字のとおりに発音しないことも多い言語です。そのため**第3章**では、特にパッチムを中心とした音の変化のしくみと、発音する際のポイントについて解説しています。

　第4章では基本の表現や単語をおさえ、**第5章**では活用の基礎を固めます。ここで扱う3つの活用パターンは、これから皆さんが学習されるさまざまな語尾を使いこなすためのキモとなるものです。活用の基本を踏まえたうえで、ハムニダ体とヘヨ体という丁寧な文末表現、また、親しい相手に使うパンマルという言い方についても触れています。

第6章では否定の表現、第7章では過去形、第8章では儒教の国である韓国ならではの尊敬表現を扱います。さらに、最大の難関ともいえる変則活用は第9章で、歌も紹介しながらわかりやすく解説しています。

　そして終盤の第10章では前後の文をつなぐ表現、第11章では文末で使える表現を、例文とともに紹介しています。「～したいです」や「～しましょう」など、自分の気持ちを伝えたい場面で役立つ必須表現を精選しています。

　本書の使い方としては、目次に沿って読み進み少しずつ知識を積み上げていくこともできますし、興味あるテーマやご自分が強化したいと思っている項目を重点的に拾い読みするのもよいでしょう。音声もQRコードからダウンロードできますので、何度も繰り返し聴くなど、フルに活用してください。

　この本は、日ごろ接している学生のみなさんたちが韓国語学習のなかで感じているナマの声から生まれました。読者の方々の学習がもっと楽しくなり、ステップアップにつながるきっかけになれば、これ以上の喜びはありません。

長友英子　荻野優子

本書の構成と使い方

- 第1章は、韓国語を初めて学ぶ方に向けて韓国語の概要を紹介するページです。

- 第2〜9章は、学習者の質問に答えるかたちで、韓国語の単語や文法について解説しています。

- 第10〜11章では、表現力を高めるために欠かせない接続表現や連体形、文末表現を紹介しています。

第1〜9章

> Q&A形式で、学習の概要を示しています。

Q 26

「私は○○ではありません」と言うにはどうしたらよいですか？

A 「私は○○です」(→P.62) の否定文「私は○○ではありません」は、指定詞아니다「〜でない」を使ってつくります。

指定詞の否定文のつくり方

名詞のあとにつく이다「〜である」の否定形は、아니다「〜でない」です。名詞のあとに助詞の가/이をつけて用います。名詞が母音で終わる場合は가を、子音 (パッチム) で終わる場合は이をつけます。

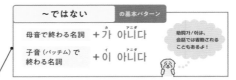

〜ではない の基本パターン	
母音で終わる名詞	＋가 아니다
子音 (パッチム) で終わる名詞	＋이 아니다

> 助詞가/이は、会話では省略されることもあるよ！

- 指定詞の否定文の丁寧な文末表現

名詞	ハムニダ体 -ㅂ니다/습니다	ヘヨ体 -아요/어요	意味
母音で終わる名詞	〜가 아닙니다	〜가 아니에요	〜ではありません
子音 (パッチム) で終わる名詞	〜이 아닙니다	〜이 아니에요	

102

> QRコードがついている項では、スマートフォンなどでQRコードを読み取り、例文などの音声を聞くことができます。

> 語尾のつき方などの基本パターンを紹介。

第10〜11章

前置き、根拠を述べる 活用1

-거든요
〜なんですよ

基本パターン

語幹 + -거든요

> 覚えておくと便利な表現を、接続の基本パターンとともに解説します。

「〜なんですよ」や「〜なものですから」など、話題の**前置き**を話すときや、自分の行為についての**根拠**を伝えるときに使います。日常会話で非常によく使われる表現です。文末の-요を取ると、パンマル (→P.99) になります。過去形をつくる-았/었-のあとにもつきます。

- 例文を見てみましょう

今、すごく忙しいんですよ。あとで話しましょう。 🔊 바쁘다 ➡ 忙しい

지금 엄청 바쁘거든요. 이따가 얘기해요.
今 すごく 忙しいんです あとで 話しましょう
形容詞 +거든요

実は、悩みがあるんですよ。 🔊 있다 ➡ ある

실은 고민이 있거든요.

> 各項で取り上げている表現が具体的にどのように活用するのか、例文を通して見ていくことができます。

着目したいポイントを、図解や
例文で示しています。

学習内容を盛り込んだ例文をふ
んだんに紹介。
韓国語の例文では、学習ポイン
トが赤文字で示されており、ひ
と目でわかります。
音声に合わせて声に出して読む
と効果的です。

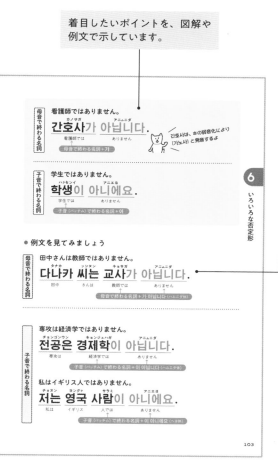

看護師ではありません。

母音で終わる名詞
カノサガ	アニムニダ
간호사가	아닙니다 .
看護師では	ありません
母音で終わる名詞＋가

간호사は、ㅎの弱音化により
[가노사] と発音するよ

学生ではありません。

子音で終わる名詞
ハㇰセンイ	アニエヨ
학생이	아니에요 .
学生では	ありません
子音 (パッチム) で終わる名詞＋이

6
いろいろな否定形

● 例文を見てみましょう

田中さんは教師ではありません。

母音で終わる名詞
タナカ	ッシヌン	キョサガ	アニムニダ
다나카	씨는	교사가	아닙니다 .
田中	さんは	教師では	ありません
母音で終わる名詞＋가 아닙니다 (ハムニダ체)③

専攻は経済学ではありません。

子音で終わる名詞
チョンゴンウン	キョンジェハギ	アニムニダ
전공은	경제학이	아닙니다 .
専攻は	経済学では	ありません
子音 (パッチム) で終わる名詞＋이 아닙니다 (ハムニダ체)

私はイギリス人ではありません。

子音で終わる名詞
チョヌン	イギリㇲ	サラミ	アニエヨ
저는	영국	사람이	아니에요 .
私は	イギリス	人では	ありません
子音 (パッチム) で終わる名詞＋이 아니에요 (ヘヨ체)

103

本書の重要ポイント
…… 3つの活用パターン ……

| 活用 1 | 活用 2 | 活用 3 |

活用を見分ける、道しるべです。

発音のよみがなルビついて

● 第1〜8章では、学習の助けとなる
ようハングルに読みがなルビをふ
っています。韓国語を日本語のカ
タカナで表現するにはおのずと限
界があります。あくまで学習の目
安とお考えいただき、音声を聞い
て正しい発音を身につけましょう。

● 子音 (パッチム) で終わる発音のう
ちㄱ・ㄹ・ㅁ・ㅂは、それぞれ「ㇰ」
「ㇽ」「ㇺ」「ㇷ゚」と小さい文字で示し
ています。

● 同じ単語や字でも文章の初めにく
るとき、文中や速く発音するとき
で音が違うことがあります。

 **音声ファイルを
活用しましょう**

QRコードから音声が聞けるほか、
ナツメ社ウェブサイトの書籍紹介
ページにあるダウンロードボタンか
ら、音声ファイルをダウンロードで
きます。

ナツメ社ウェブサイト

https://www.natsume.co.jp

ぼくたちと
一緒に学習
しよう！

チンド犬くん
クールで冷静なしっか
り者。心の中は愛でい
っぱい。

サプサル犬くん
長い毛並みが自慢。陽
気な性格で、勇猛な一
面もあるよ。

★ともに韓国の天然記念物に指定されている貴重な犬種です。

も く じ

第 1 章 韓国語の入口

第 2 章 文字の悩み

第3章 韓国語の発音の悩み

第4章 基本の表現や単語を把握しよう

第5章 活用の基礎知識を固めよう

第9章 難関！ 変則活用を乗り越える

第10章 前後の文をつなぐ表現と連体形

9

第11章 文末で使える表現

第 **1** 章

韓国語の入口

日本語と韓国語の文法は似たところがたくさんあります。
比較しながら韓国語やハングルの特長をおおまかに見ていきましょう。

韓国語は日本語と よく似ている!?

韓国語は日本語と似た部分が多い言語です。似ている部分を手がかりにして、違いを意識していくと学習を進めやすいですね。

語順がほぼ一緒

韓国語は、日本語とほぼ同じ語順で文をつくることができます。

私は浅田(あさだ)です。

チョ 저 私	ヌン 는 は	アサダ 아사다 浅田	イムニダ 입니다. です。

語順どおりに
単語を置き
換えるだけで、
韓国語の文が
つくれるね!

違いに注目

中には、次の例のように語順が前後するものもあります。

もう一度、言ってください。

ハン 한 一度	ボン 번	ド 더 さらに	マレ 말해 言って	ジュセヨ 주세요. ください

日本語と語順が違う

助詞がある

韓国語と日本語は**助詞**があるという点も似ています。「てにをは」の意味もほぼ対応しているので、覚えやすいですよ。

私は　　　毎日　　　ニュースを　　　　見ます。
チョヌン　メイル　　ニュスルル　　　　ボムニダ
저는　매일　뉴스를　봅니다.
　助詞　　　　　　　助詞

意味もほぼ
対応しているので、
覚えやすいね！

 違いに注目

韓国語では、助詞のすぐ前にくる名詞の最後の文字の形によって、助詞の形が少し変わることがあります（→P.65）。

姉は会社員です。
ヌナヌン　　　　　フェサウォニエヨ
누나는　회사원이에요.　※누나：（弟から見た）姉
　　　　　　　　　　　　　ヌナ

「～は」という同じ意味の助詞なのに、形が違う

弟は中学生です。
ナムドンセンウン　　チュンハクセンイエヨ
남동생은　중학생이에요.

活用がある

　動詞や形容詞など、活用して述語としてのはたらきができる品詞を**用言**といいます。韓国語にも日本語と同じように用言があり、**語尾**がついて活用します。

行く カダ **가다**	行きます カムニダ **갑니다**	行ってください カセヨ **가세요**

日本語と
似ているね！

　なお、韓国語の用言には、**動詞**、**形容詞**のほか、**存在詞**、**指定詞**があります。存在詞には있다「ある、いる」や없다「ない、いない」、指定詞には이다「～である」や아니다「～でない」などがあります。

違いに注目

　韓国語の語尾活用は3つのパターンに分けられます（→P.82）。

笑いたいです
活用①　ウッコ　シポヨ
웃고 싶어요 ← そのまま語尾がつく

笑ってください
活用②　ウスセヨ
웃으세요 ← そのままか、으のついた語尾がつく

笑います
活用③　ウソヨ
웃어요 ← 아または어のついた語尾がつく

固有語・漢字語・外来語がある

日本語と同じように、**固有語**、**漢字語**、**外来語**などに分けられます。

固有語 日本語の「やまとことば」にあたる韓国固有の言葉です。

空、天	土地、地	人	水
ハヌル	ッタン	サラム	ムル
하늘	땅	사람	물

漢字語 漢字語は、漢字を使ってつくられた言葉ですが、今はほとんどハングルで表記されます。

韓国	日本	時間
ハングク	イルボン	シガン
한국	일본	시간

日本語と共通している言葉もたくさんあるし、発音が似ている言葉もあるんだね！

韓国語では、ほんどの場合、漢字1字に対して読みは1つです。

外来語 日本語では外来語をカタカナで表記しますが、韓国語では外来語もハングルで表記します。

バス	ニュース	カフェ	タクシー
ポス	ニュス	カペ	テクシ
버스	뉴스	카페	택시

야채 **주스**「野菜ジュース（漢字語＋外来語）」のように、固有語、漢字語、外来語を組み合わせた言葉もあります。

丁寧表現、尊敬表現、ぞんざいな表現の使い分けがある

　韓国語にも「〜です、〜ます」にあたる**丁寧表現**や、目上の人に使う**尊敬表現**があります。また、友人や年下などに使う**ぞんざいな表現**もあります（→ P.99）。数は少ないのですが、謙譲表現もあります。

　このような韓国語の敬語は、両親、祖父母や会社の上司のように、**自分より目上かどうか**が判断の基準になります。目上の人に対して敬語表現を使うのはもちろん、第三者に目上の人のことを伝えるときは、身内についても敬語表現を使います。

お父さんは家にいらっしゃいますか？

| 日本語 | 父は、今家におりません。 |

| 韓国語 | アボジヌン
아버지는
お父さんは | チグム
지금
今 | チベ
집에
家に | アン
안
 | ゲシムニダ
계십니다.
いらっしゃいません |

仕事場でも同じ。
ほかの会社の人に、
自分の上司のことを
話すときには、
尊敬表現を使うよ

縦書きと横書き

　韓国語の文は、もともとは縦書きでしたが、徐々に横書きが増えてきました。現在は**横書きが主流**です。

　縦書きのことを**세로쓰기**（セロッスギ）、横書きのことを**가로쓰기**（カロッスギ）といいます。

知っておきたい表記のルール

韓国語の句読点

　韓国語では、「,（カンマ）」や「.（ピリオド）」が日本語の読点「、」や句点「。」にあたります。疑問文は文末に「?」をつけます。

分かち書き

　韓国語はほとんどすべてハングルで書くため、分かち書きをします。これにより、意味がかたまりで目に入り、文脈を把握しやすくなります。

　大まかな分かち書きのルールとしては、日本語の文節にあたる部分で、ひとマス（半角）あけます。たとえば、名詞と助詞はくっつけて書き、助詞や文中の語尾のあとでひとマスあけます。

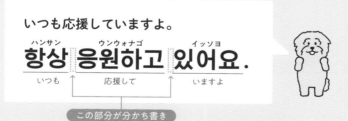

いつも応援していますよ。

ハンサン	ウンウォナゴ	イッソヨ
항상	응원하고	있어요.
いつも	応援して	いますよ

この部分が分かち書き

　また、分かち書きが多く用いられるため、「,」はあまり使われません。

韓国語の文字
～ハングルのしくみ～

　韓国語の文字であるハングルは、アルファベットと同じように音を表す**表音文字**で、**子音字**（子音を表すパーツ）と**母音字**（母音を表すパーツ）を、縦や横に組み合わせてつくります。子音字、母音字のことを字母とも呼びます。

　ハングルは、左右横並びや、上下縦並びで組み合わせる場合と、さらにその下に子音字を組み合わせる場合があります。

① 子音字＋母音字の組み合わせ

●左右横並びで配置➡左から右に読む

나＝私

ハングル	アルファベット	発音	読みがな

ㄴㅏ → na → na → ナ

子音字　母音字

●上下縦並びで配置➡上から下へ読む

소＝牛

ㅅㅗ → so → so → ソ

子音字　母音字

② 子音字＋母音字＋子音字の組み合わせ

●横並びの下に、もう１つ子音字をつける
→左→右→下の順に読む

ハングル　　　アルファベット　　　発音　　　読みがな

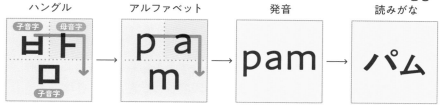

●縦並びの下に、もう１つ子音字をつける
→上から下へ読む

물＝水

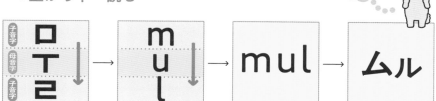

●下にくる子音字が２つ並ぶこともある
→２つある場合、どちらか一方を読むのが原則

값＝値段

この文字では左側の子音字を読む

ハングルの形について

　　次の第2章では、具体的にハングルの文字のしくみについ
て紹介します。それに先立って、ハングルの形の特徴につい
て少し知っておきましょう。

　ハングルは、特に子音字の場合、母音字との組み合わせによって形
が少し変わる場合があります。また、印刷された文字は、書体によっ
て別の文字のように見えることがあります。

　本書のP.33とP.37で、それぞれ母音字と子音字の基本となる形と
書き順を紹介しています。皆さんが書くときには、こちらを参考にして
基本の文字の形を覚えましょう。

　書籍やお店の看板などで使われるいろいろなデザインのハングルも、
基本の形をおさえておくとだんだん読めるようになってきますよ。

フォントの種類による違い

同じ文字でも
見間違えることがあるので
気をつけよう

何との組み合わせか
によって、形が変わって
見えることもあるよ

죠＝죠
자＝자
호＝호

가 교
닭 끼

第 2 章

文字の悩み

韓国語で使われる文字のハングルは、とても覚えやすくできています。
文字のしくみを覚えれば、すぐに読んで発音できるようになりますよ。

Q 1

ハングルは記号のように見えますが、どうやってできているのですか？

A 子音字と母音字のパーツが積み木のように組み合わさってできています。パーツの一つひとつは音を表します。

　ハングルがつくられたのは15世紀半ば、朝鮮王朝第４代国王の世宗の時代で、『訓民正音』という名前で公布されました。民衆のための民族固有の文字がつくられたところに大きな意味があります。当時は儒教が重んじられていたことから、ハングルの成り立ちも、その学問分野のひとつである朱子学の**陰陽説**が反映されているといわれています。

母音字の成り立ち

　母音を表すパーツである**母音字**には、「天」を表す短い棒（もともとは黒い点●）と、「地」を表す長い横棒、そして「人」を表す長い縦棒の３つがあります。なお、天は陽、地は陰と考えられています。
　母音字はこれら「天地人」のパーツの組み合わせからできています。

子音字の成り立ち

　子音を表すパーツである**子音字**は、唇や舌といった、発音器官をかたどっ
て 5 つの文字が最初につくられ、ほかの子音字は、そこに 1 画加えるなどし
てできています (→P.35～36)。

	もととなる文字	派生してつくられた文字
唇を使って出す音	ロ →	ㅂ ㅍ
舌を使って出す音	ㄴ →	ㄷ ㅌ ㄹ
歯を使って出す音	ㅅ →	ㅈ ㅊ
軟口蓋[※]を使って出す音	ㄱ →	ㅋ
喉を使って出す音	ㅇ →	ㅎ

※軟口蓋とは、口の中の天井奥の柔らかい部分のことです (→P.36)。

　たとえば、唇をかたどった子音字ㅁは、唇で出す [m] の音になります。

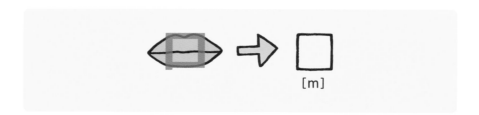

[m]

　基本となる**子音字は14個**、**母音字は10
個**です。この24個を覚えれば、まず第一関
門突破です。日本語の五十音と比べると約
半分ですね。

さあ、
ハングルへの第一歩、
挑戦しよう！

Q②

韓国語の母音は、**区別が難しい**です。
覚えるコツを教えてください。

A 韓国語の母音字は数が多く、形も似ていますね。

文字の形と口の形には対応関係があるので、

それぞれグループ分けして考えるとわかりやすいですよ。

<ruby>基<rt>き</rt></ruby><ruby>本<rt>ほん</rt></ruby><ruby>母<rt>ぼ</rt></ruby><ruby>音<rt>いん</rt></ruby><ruby>字<rt>じ</rt></ruby>と発音

母音字は、**短い棒**（天）と**長い横棒**（地）、**長い縦棒**（人）を組み合わせてつくられています（→ P.22）。基本となる母音字を**基本母音字**といい**10個**あります。文字の形と口の形の対応から次の３つに分けて考えると、覚えやすいですよ。

❶ 口を大きく開けて発音する母音字
　→長い縦棒に、短い横棒がついた文字

母音字	発音	口の開き方	発音ポイント
ㅏ	ア [a]		口を大きく開けて、「ア」と発音する音です。日本語の「ア」とほぼ同じです
ㅑ	ヤ [ja]		口を大きく開けて、「ヤ」と発音する音です。日本語の「ヤ」とほぼ同じです
ㅓ	オ [ɔ]		口を大きく開けて「オ」と発音する音です。喉の奥のほうで出すこもった音です
ㅕ	ヨ [jɔ]		口を大きく開けて「ヨ」と発音する音です。喉の奥のほうで出すこもった音です

2 唇を丸く突き出して発音する母音字
→長い横棒に、短い縦棒がついた文字

母音字	発音	口の開き方	発音ポイント
ㅗ	オ [o]		唇を丸く突き出して「オ」と発音する音です。日本語の「オ」より唇をすぼめます
ㅛ	ヨ [jo]		唇を丸く突き出して「ヨ」と発音する音です。日本語の「ヨ」より唇をすぼめます
ㅜ	ウ [u]		唇を丸く突き出して「ウ」と発音する音です。日本語の「ウ」より唇をすぼめます
ㅠ	ユ [ju]		唇を丸く突き出して「ユ」と発音する音です。日本語の「ユ」より唇をすぼめます

2 唇を左右に引いて発音する母音字
→長い横棒や長い縦棒だけの文字

母音字	発音	口の開き方	発音ポイント
ー	ウ [ɯ]		唇を平たく左右に引いて「ウ」と発音するときの音です
｜	イ [i]		日本語の「イ」とほぼ同じ音です。日本語の「イ」より少し唇を横に引いて発音します

Q3

似た発音の**母音の違い**がわかりません。

 A 文字の形と、口の形に注目すると区別ができますよ。

> ## 口の形の違いを意識すると
> ## 発音の違いがわかります

　10個の基本母音字の中には、日本語の**「オ」**、**「ヨ」**、**「ウ」**のように聞こえる母音字が2つずつあります。長い縦棒に短い横棒がつくと口を大きく開けます。長い横棒に短い縦棒がつくと唇を丸く突き出します。口の形を意識しながら発音を練習しましょう。

▶ オに聞こえる音

┤ [ɔ]		日本語の「オ」より口を大きく開ける	⊥ [o]		日本語の「オ」より唇を丸く突き出す

▶ ヨに聞こえる音

╡ [jɔ]		日本語の「ヨ」より口を大きく開ける	⊥⊥ [jo]		日本語の「ヨ」より唇を丸く突き出す

▶ ウに聞こえる音

┬ [u]		日本語の「ウ」より唇を丸く突き出す	─ [ɯ]		日本語の「ウ」より唇を平たく左右に引く

　きちんと唇の形をつくって丁寧に発音すると、音の違いがわかってきますよ。

文字として書くときの注意

　文字を書くときには、母音字単独ではなく子音字(→P.34〜)と一緒に用います。母音だけを表すときは、無音を表す子音字○をつけます。

　縦長の母音字には左側に子音字がつき、横長の母音字には上に子音字がつきます。

縦長の母音字には、左側に子音字がくる

아
ア
[a]

오
オ
[o]

横長の母音字には、上側に子音字がくる

口の形を意識して発音しよう

 発音してみましょう！

基本母音字									
ア	ヤ	オ	ヨ	オ	ヨ	ウ	ユ	ウ	イ
아	야	어	여	오	요	우	유	으	이
口を大きく開ける				唇を丸く突き出す				唇を左右に引く	

こども	痛っ！	キツネ	余裕	五
アイ	アヤ	ヨウ	ヨユ	オ
아이	아야!	여우	여유	오
キュウリ	敷ぶとん	牛乳	歯	理由
オイ	ヨ	ウユ	イ	イユ
오이	요	우유	이	이유

文字の悩み

Q 4

陽母音とか陰母音って、何のことですか？

A 母音を陰と陽の2つに分けたときの言い方です。

合成母音字などを理解するときに役立ちます。

陽母音と陰母音

　P.22で説明したように、**母音字**は**陰陽説**に基づいてつくられおり、「天」を表す短い棒は**陽**、「地」を表す長い横棒は**陰**を表します。

　陽母音とは、ㅏやㅗのように天が「人」を表す長い縦棒の右や「地」を表す長い横棒の上にくる母音を指します。一方、**陰母音**は、ㅓやㅜのように天が人の左や地の下にくる母音、そして地を意味する一を指します。

陽母音

ㅏ	ㅑ	ㅗ	ㅛ	陽母音は、短い棒が右や上にきます
[a]	[ja]	[o]	[yo]	

陰母音

ㅓ	ㅕ	ㅜ	ㅠ	―	陰母音は、短い棒が左や下にきます
[ɔ]	[jɔ]	[u]	[yu]	[ɯ]	

中性母音

ㅣ	陽母音でも陰母音でもない、中性母音として扱われます
[i]	

「地」を表す―は、陰母音の仲間だよ

Q5

合成母音字がわかりにくく、
発音の違いもよくつかめません。

A 合成母音字は、2個以上の母音字が組み合わさっています。

組み合わせのルールがわかれば覚えやすいですよ。

合成母音字とは

　2個または3個の基本母音字を組み合わせてつくった母音を**合成母音字**といい、全部で**11個**あります。組み合わせには次のようなルールがあります。

組み合わせのルール 　陽母音は陽母音、陰母音は陰母音と結びつきます。

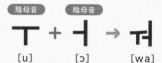

● 陽母音どうし

陽母音	陽母音	
⊥	+ ├	→ ⊥├
[o]	[a]	[wa]

● 陰母音どうし

陰母音	陰母音	
⊤	+ ┤	→ ⊤┤
[u]	[ɔ]	[wa]

● 陽母音と陰母音の組み合わせはない！

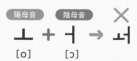

陽母音	陰母音	✕
⊥	+ ┤	→ ⊥┤
[o]	[ɔ]	

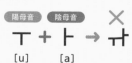

陽母音	陰母音	✕
⊤	+ ├	→ ⊤├
[u]	[a]	

　なお、中性母音の丨は、陽母音と陰母音の両方と結びつきます。また、合成母音字には、ㅛとㅠとを使った組み合わせはありません。

① 口を大きく開けて発音する母音字との組み合わせ

　口を大きく開けて発音する基本母音字ㅏ、ㅑ、ㅓ、ㅕが丨と結びついてできた合成母音で、**4つ**あります。

合成母音字	発音	組み合わせ	発音のポイント
ㅐ	エ [ɛ]	ㅏ ＋ 丨 [a]　　[i]	日本語の「エ」より少し口を大きく開けて発音します
ㅒ	イェ [jɛ]	ㅑ ＋ 丨 [ja]　　[i]	口を大きく開けて「イェ」と発音します
ㅔ	エ [e]	ㅓ ＋ 丨 [ɔ]　　[i]	日本語の「エ」とほぼ同じです。ㅐよりやや口をせばめます
ㅖ	イェ [je]	ㅕ ＋ 丨 [jɔ]　　[i]	日本語の「イェ」とほぼ同じです。ㅒよりやや口をせばめます

> 丨は、陽母音と陰母音
> どちらとも、結びつくことが
> できるんだったね

 　発音してみましょう！

こども	友愛	この子	A（アルファベット）	はい（返事）
エ 애	ウエ 우애	イェ 얘	エイ 에이	イェ 예

② 唇を丸く突き出して発音する母音字との組み合わせ

　唇を丸く突き出して発音する ㅗ と ㅜ が、ほかの母音と結びついてできた合成母音字です。

● ㅗ と組み合わせてできた合成母音字

　陽母音の ㅗ が、陽母音の ㅏ や中性母音の ㅣ と結びついたもので、**3つ**あります。

合成母音字	発音	組み合わせ	発音のポイント
ㅘ	ワ [wa]	ㅗ + ㅏ ← ㅘは陽母音同士の組み合わせ [o]　[a]	唇を丸めてから「ワ」と発音します
ㅙ	ウェ [wɛ]	ㅗ + ㅏ + ㅣ [o]　[a]　[i] ↓ ㅗ + ㅐ ← ㅐは、ㅏ と ㅣ の合成母音字 [o]　[ɛ]	唇を丸めてから口を大きく開けながら「ウェ」と発音します
ㅚ	ウェ [we]	ㅗ + ㅣ [o]　[i]	唇を丸めて「ウェ」と発音します

🗣 発音してみましょう！

わあ！	Y（アルファベット）	なぜですか？	例外	野外
ワ **와!**	ワイ **와이**	ウェヨ **왜요?**	イェウェ **예외**	ヤウェ **야외**

● ㅜと組み合わせてできた合成母音字

陰母音のㅜが、陰母音のㅓや中性母音のㅣと結びついたもので、**3つ**あります。

合成母音字	発音	組み合わせ	発音のポイント
ㅝ	ウォ [wɔ]	ㅜ + ㅓ ← ㅝは陰母音どうしの組み合わせ [u]　[ɔ]	唇を丸めて「ウォ」と発音します
ㅞ	ウェ [we]	ㅜ + ㅓ + ㅣ [u]　[ɔ]　[i] ↓ ㅜ + ㅔ ← ㅔは、ㅓとㅣの合成母音字 [u]　[e]	唇を丸めて「ウェ」と発音します
ㅟ	ウィ [wi]	ㅜ + ㅣ [u]　[i]	唇を丸めて「ウィ」と発音します

> ㅚとㅞの発音は同じ [we]、ㅙはそれより口を大きく開ける [wɛ] だよ。でも、ほぼ同じように発音されるよ

発音してみましょう！

はい、どうどう	ウェアー	上	優位	2位
ウォウォ **워워**	ウェオ **웨어**	ウィ **위**	ウウィ **우위**	イウィ **이위**

③ 唇を左右に引いて発音する母音字どうしの組み合わせ

陰母音のㅡが、中性母音のㅣと結びついたものです。なお、**의**は単語の語中にきた場合、ほとんど [i] と発音されます（→P.78）。

合成母音字	発音	組み合わせ	発音のポイント
ㅢ	ウイ [ɯi]	ㅡ + ㅣ [ɯ]　[i]	唇を左右に引いて、「ウイ」とひと息で発音します

 発音してみましょう！

意義	礼儀	留意	意外
ウイイ 의의	イェイ 예의	ユイ 유의	ウイウェ 의외

2

文字の悩み

母音字の書き順

　文字の書き順の基本は、「上から下」、「左から右」です。発音しながら書いてみましょう。

基本母音字

合成母音字

33

Q6

韓国語の**子音**はたくさんありますが、
効率よい覚え方はありますか？

A 子音を表すパーツは、唇や舌といった

発音器官をかたどってつくられたので、

その形をイメージすると覚えやすいですよ。

基本子音字と発音

　子音字は、最初に**発音器官**をかたどった５つの文字がつくられ、そこに息を表す１画を加えるなどしてほかの文字がつくられました。これらの子音字を**基本子音字**といい、**14個**あります。

　子音の中には、**語頭**（単語のはじめ）と**語中**（単語の２文字目以降）で音が変わるものがあります（→P.38）。

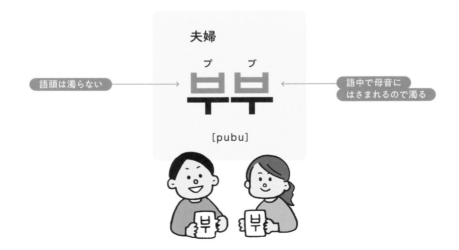

夫婦

プ　　ブ

語頭は濁らない　→　뿌뿌　←　語中で母音に
はさまれるので濁る

[pubu]

❶ 唇を使って発音

子音字と名称	発音	発音ポイント
ㅁ ミウム 미음	[m]	● 唇をかたどってつくられました ● 唇を使って出す [m] の音です
ㅂ ピウプ 비읍	[p/b]	● ㅁから縦の2画がはみ出た形です。はみ出ているのは、軽い息です ● 唇を少し震わせて柔らかく出す音です ● 語頭では [p]、語中では [b] の音になることがあります
ㅍ ピウプ 피읖	[pʰ]	● ㅁの横に線が飛び出ている形です。飛び出ているのは激しい息です ● 発音する場所はㅂと同じですが、激しく息を出して [pʰ] と発音します

❷ 舌を使って発音

子音字と名称	発音	発音ポイント
ㄴ ニウン 니은	[n]	● 舌先が上の歯の裏についている形をかたどってつくられました ● 舌先を上の歯の裏につけて出す [n] の音です
ㄷ ティグッ 디귿	[t/d]	● ㄴの上に1画加えた形です ● 舌先を上の歯の裏にあてて柔らかくはじいて出す音です ● 語頭では [t]、語中では濁って [d] の音になります
ㅌ ティウッ 티읕	[tʰ]	● ㄷにさらに1画加えた形です。この1画は激しい息です ● 発音する場所はㄷと同じですが、激しく息を出して [tʰ] と発音します
ㄹ リウル 리을	[r]	● 舌先を軽く巻き上の歯茎の後ろで軽くはじくように発音するラ行の「r」の音です

なお、[pʰ] や [tʰ] の [ʰ] は、激しい息を出して発音することを示す記号です（→P.39）。

2

文字の悩み

③ 歯を使って発音

子音字と名称	発音	発音ポイント
人 シオッ 시옷	[s / ʃ]	● 歯をかたどってつくられました ● サ行の [s] の音より少し柔らかめの [s]、またはシャ行の [ʃ] の音です
ㅈ チウッ 지읒	[tʃ / dʒ]	● 人に1画加えた形です。加えた1画は軽い息です ● 語頭では柔らかめのチャ行の [tʃ]、語中ではジャ行の [dʒ] の音になることがあります
大 チウッ 치읓	[tʃʰ]	● ㅈにさらに1画加えた形です。加えた1画は激しい息です ● 発音する場所はㅈと同じですが、息を激しく出してチャ行の [tʃʰ] と発音します

④ 軟口蓋を使って発音　※軟口蓋とは口の中の天井奥の柔らかい部分のことです。

子音字と名称	発音	発音ポイント
ㄱ キヨク 기역	[k / g]	● 舌の付け根の部分を軟口蓋につけて出す音で、その舌の形をかたどってつくられました ● 柔らかく発音する音です ● 語頭では [k]、語中では [g] の音になることがあります
ㅋ キウク 키읔	[kʰ]	● ㄱに1画加えた形です。加えた1画は激しい息です ● 発音する場所はㄱと同じですが、息を激しく出して [kʰ] と発音します

⑤ 喉を使って発音

子音字と名称	発音	発音ポイント
ㅇ イウン 이응	[ø] （無音）	● 喉の形をかたどってつくられました ● 文字の最初の子音字として使われるときは発音しません
ㅎ ヒウッ 히읗	[h]	● ㅇに2画加えた形です ● 喉から息を出して発音する [h] の音です。語中では弱くなったり聞こえなくなったりする場合があります（→P.53）

子音字の書き順

下記のハングルの並びは、辞書に出てくる順番です。次の書き順を
参考にしながら書いてみましょう。

14個の基本子音字に、
母音字のㅏをつけて
発音してみよう

 発音してみましょう！

基本母音字				
ガ ナ タ ラ マ パ サ 가 나 다 라 마 바 사				
ア チャ チャ カ タ パ ハ 아 자 차 카 타 파 하				

九	その	わたし	全部	ラ（音階）
ク 구	ク 그	ナ 나	タ 다	ラ 라

麻	風呂敷	牛	歯	わたくし
マ 마	ポ 보	ソ 소	イ 이	チョ 저

茶	背	ほこり	ネギ	舌
チャ 차	キ 키	ティ 티	パ 파	ヒョ 혀

Q⃝7

平音、激音、濃音とは何のことですか？
また、どう区別したらよいですか？

A　息の出し方によって子音を区別する言い方です。平音は
柔らかく発音する音、激音は激しく息を出して発音する音、
濃音は喉を緊張させて出す詰まった音のことです。

平音とは

柔らかく発音する子音を**平音**といい、次の**5つ**があります。

ㄱ　ㄷ　ㅂ　ㅅ　ㅈ

　平音のうち、ㄱ、ㄷ、ㅂ、ㅈの4つは、語中で母音にはさまれたときや、前にパッチムのㄴ、ㅁ、ㄹがくると濁って発音されることがあります。これを**有声音化**といいます。

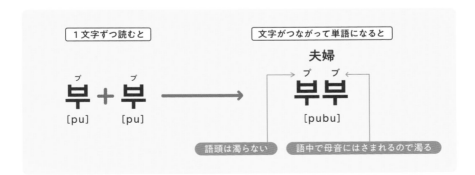

1文字ずつ読むと

文字がつながって単語になると

夫婦

부＋부 ⟶ 부부
[pu]　[pu]　　　　[pubu]

語頭は濁らない　　語中で母音にはさまれるので濁る

発音してみましょう！

掛け算九九	ズボン	混ぜる	ひんぱんに	地図
(クグ) **구구**	(パジ) **바지**	(ビビダ) **비비다**	(チャジュ) **자주**	(チド) **지도**

 激音とは

2
文字の悩み

激しく息を出して発音する子音を**激音**といい、次の**4つ**があります。

ㅋ ㅌ ㅍ ㅊ

激音は濁ったりせず、語頭でも語中でも同じ音です。発音記号の［ʰ］は、激音の激しい息を表します。

たとえば、카 [kʰa] の場合、「カ」と「ハ」の２つの音を１つの音のように一気に発音するときれいに発音できます。

카！

カとハを一気に発音！

 発音してみましょう！

カカオ	コーヒー	トマト	パーティー	トウガラシ
(カカオ) **카카오**	(コピ) **커피**	(トマト) **토마토**	(パティ) **파티**	(コチュ) **고추**

濃音とは

　喉を緊張させて出す詰まった音を**濃音**といい、平音のㄱ、ㄷ、ㅂ、ㅅ、ㅈ が2つ並んで1つの子音となる文字で表します。濃音は**5つ**あります。「っ」 の音を前につけて発音するイメージです。発音記号の [ʔ] は、濃音（詰まった 音）を表します。語頭でも語中でも濁りません。

　濃音の文字の名前は、それぞれの子音の名前の前に「2つ」を意味する **쌍**「双」をつけます。

濃音	発音	発音のポイント
ㄲ ッサンギヨク 쌍기역	[ʔk]	「いっき」の「っき」と発音したときの [k] の音
ㄸ ッサンディグッ 쌍디귿	[ʔt]	「いった」の「った」と発音したときの [t] の音
ㅃ ッサンビウプ 쌍비읍	[ʔp]	「はっぴ」の「っぴ」と発音したときの [p] の音
ㅆ ッサンシオッ 쌍시옷	[ʔs]	「けっさい」の「っさ」と発音したときの [s] の音
ㅉ ッサンジウッ 쌍지읒	[ʔtʃ]	「こっち」の「っち」と発音したときの [tʃ] の音

発音してみましょう！

ゴマ	時	パパ	種	チゲ (料理名)
ッケ **깨**	ッテ **때**	アッパ **아빠**	ッシ **씨**	ッチゲ **찌개**

平音、激音、濃音の発音比較

　平音、激音、濃音に母音字のㅏをつけて、発音してみましょう。それぞれの発音のコツは次のとおりです。

平音 柔らかく発音します	激音 息を激しく出します	濃音 ほとんど息が出ず、詰まった音のイメージです
가 〔カ〕	카 〔カ〕	까 〔ッカ〕
바 〔バ〕	파 〔パ〕	빠 〔ッパ〕
사 〔サ〕	―	싸 〔ッサ〕
다 〔タ〕	타 〔タ〕	따 〔ッタ〕
자 〔チャ〕	차 〔チャ〕	짜 〔ッチャ〕
紙が軽く揺れる	紙が激しく揺れる	紙は揺れない

2

文字の悩み

日本語の五十音を ハングルで表すことはできますか？

 できますよ。でもすべてを正確に表せるわけではありません。

　次のような日本語のハングル表記の対照表がありますので、参考にしてください。自分や家族の名前、地名など身近な日本語で練習するといいですよ。

あ行	あ 아	い 이	う 우	え 에	お 오	きゃ行 (語頭)	きゃ 갸	きゅ 규	きょ 교	
か行 (語頭)	か 가	き 기	く 구	け 게	こ 고	きゃ行 (語中)	きゃ 캬	きゅ 큐	きょ 쿄	
か行 (語中)	か 카	き 키	く 쿠	け 케	こ 코	ぎゃ行	ぎゃ 갸	ぎゅ 규	ぎょ 교	
が行	が 가	ぎ 기	ぐ 구	げ 게	ご 고	しゃ行	しゃ 샤	しゅ 슈	しょ 쇼	
さ行	さ 사	し 시	す 스	せ 세	そ 소	じゃ行	じゃ 자	じゅ 주	じょ 조	
ざ行	ざ 자	じ 지	ず 즈	ぜ 제	ぞ 조	ちゃ行 (語頭)	ちゃ 자	ちゅ 주	ちょ 조	
た行 (語頭)	た 다	ち 지	つ 쓰	て 데	と 도	ちゃ行 (語中)	ちゃ 차	ちゅ 추	ちょ 초	
た行 (語中)	た 타	ち 치	つ 쓰	て 테	と 토	にゃ行	にゃ 냐	にゅ 뉴	にょ 뇨	
だ行	だ 다	ぢ 지	づ 즈	で 데	ど 도	ひゃ行	ひゃ 햐	ひゅ 휴	ひょ 효	
な行	な 나	に 니	ぬ 누	ね 네	の 노	びゃ行	びゃ 뱌	びゅ 뷰	びょ 뵤	
は行	は 하	ひ 히	ふ 후	へ 헤	ほ 호	ぴゃ行	ぴゃ 퍄	ぴゅ 퓨	ぴょ 표	
ば行	ば 바	び 비	ぶ 부	べ 베	ぼ 보	みゃ行	みゃ 먀	みゅ 뮤	みょ 묘	
ぱ行	ぱ 파	ぴ 피	ぷ 푸	ぺ 페	ぽ 포	りゃ行	りゃ 랴	りゅ 류	りょ 료	
ま行	ま 마	み 미	む 무	め 메	も 모					
や行	や 야		ゆ 유		よ 요					
ら行	ら 라	り 리	る 루	れ 레	ろ 로					
わ行	わ 와				を 오					
ん	ん ㄴ									

● かな文字―ハングル対照表

※上記の表は、韓国国立国語院「外来語表記法 第2章 表記一覧表」にある「日本語のかなとハングル対照表」をもとに作成したものです。本書は、この国立国語院の表記法にならって説明しています。

日本語をハングルで書くときのポイントをまとめました。参考にしてください。

日本語をハングルで書くときのポイント	例
❶「ウ」の段の母音は基本的に ㅜ、ただし、ス、ツ、ズ、ヅだけは ㅡ を用います	上野（うえの）→ 우에노 松井（まつい）→ 마쓰이 ※「ツ」の音は韓国語にないため 쓰 と表記
❷「エ」の段の母音は ㅔ を用います	江ノ島（えのしま）→ 에노시마
❸「オ」の段はすべて ㅗ を用います。ㅓ とは書きません	小野（おの）→ 오노
❹カ行とタ行、キャ行、チャ行などの濁らない音の場合、**語頭は平音**、**語中では激音**を用います。語頭の濁音は表すことができません	銀座（ぎんざ）→ 긴자 田中（たなか）→ 다나카 語頭の「た」は平音、語中の「か」は激音で表記するよ
❺「ザ」行と「ジャ」行は同じ ㅈ で表します。ザやジャも 자 を用い、쟈 とは書きません ※「ザ」行のザ、ズ、ゼ、ゾの音は韓国語にないため、似た音の「자」「즈」「제」「조」で補う	金沢（かなざわ）→ 가나자와 新宿（しんじゅく）→ 신주쿠 鈴木（すずき）→ 스즈키
❻「ン」は ㄴ で表します	神田（かんだ）→ 간다
❼小さい「ッ」は **ㅅパッチム** で表します	鳥取（とっとり）→ 돗토리
❽現在、韓国語では**長音**（のばす音）は**表記しません**	九州（きゅうしゅう）→ 규슈

文字の悩み

43

歌で覚える母音と子音

母音字や子音字を、よく知られているメロディーに乗せて歌ってみましょう。楽しく覚えられますよ。

● **基本母音字 ➡「メリーさんの羊」**

10個の基本母音字があっという間に覚えられますよ。

ア ヤ オ ヨ　オ 〜 ヨ　　ウ 〜 ユ　　ウ 〜 イ
아 야 어 여　오 〜 요　　우 〜 유　　으 〜 이

ア ヤ オ ヨ　オ 〜 ヨ　　ウ ユ ウ 〜 イ
아 야 어 여　오 〜 요　　우 유 으 〜 이

● **基本子音字 ➡「きらきらぼし」**

子音字を、母音字ㅏと組み合わせて歌ってみましょう。

カ ナ ダ ラ マ バ サ　ア ジャ チャ カ タ パ ハ
가 나 다 라 마 바 사　아 자 차 카 타 파 하

カ ナ ダ ラ マ バ サ　ア ジャ チャ カ タ パ ハ
가 나 다 라 마 바 사　아 자 차 카 타 파 하

カ ナ ダ ラ マ バ サ　ア ジャ チャ カ タ パ ハ
가 나 다 라 마 바 사　아 자 차 카 타 파 하

第 3 章

韓国語の発音の悩み

本章では、韓国語の発音変化のルールを解説します。
しっかり声に出して、発音を確認しながら学習を進めましょう。

Q9

パッチムとか終声(しゅうせい)って何ですか？

A ハングルの文字の組み合わせが、

子音字＋母音字＋子音字となっている場合、

最後にくる子音字のことをパッチムまたは終声といいます。

ハングル（한글）は最初にくる子音を**初声**(しょせい)、次にくる母音を**中声**(ちゅうせい)、最後にくる子音を**パッチム**（받침）または**終声**といいます。パッチムは「支えるもの」という意味です。

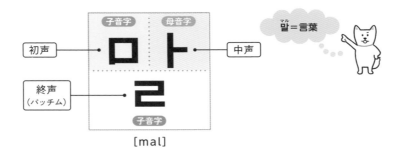

[mal]

パッチムの子音字は1文字がほとんどですが、2文字の場合もあります。違った子音字が2文字並んでいるときは、どちらか一方を読みます。

パッチムは、次にくる音によって、つながったり変化したりしながら、韓国語ならではの音の流れをつくり出します。

パッチムを理解することは、
韓国語らしく話す近道。
ファイト!!

Q⑩ 文字の最初の**子音（初声）**と **パッチムの発音**が違うので、混乱します。

A まさにそれが韓国語の特徴で、発音をマスターするコツです。

パッチムとして用いられる子音字は複数ありますが、

発音は7つにまとめられます。

パッチムの種類と文字

　7つのパッチムの発音を、次のように**鼻音**（びおん）（鼻から息が抜けて響く音）、**流音**（りゅうおん）（パッチムでは [l]、初声では [r] の音）、**閉鎖音**（へいさおん）（鼻から息が抜けない音）の3つに分けて考えてみましょう。

鼻音	鼻から息が抜けて響く音で、次の3つがあります。	
パッチム	**発音**	**発音のポイント**
ㄴ	[n]	「パンに」の「に」を発音する前の「ン」[n]の音
ㅁ	[m]	「パンも」の「も」を発音する前の口を閉じた「ン」[m]の音
ㅇ	[ŋ]	「パンが」の「が」を発音する前の「ン」[ŋ]の音

すべて「ン」と聞こえるかもしれないけれど、
発音のポイントを意識して練習すると、
区別して発音できるよ

流音		初声では [r] でしたが、パッチムでは [l] の音になります。流音はこれだけです。
パッチム	**発音**	**発音のポイント**
ㄹ	[l]	舌先を歯ぐきの裏に押しつけて出す [l] の音

閉鎖音		[k]、[t]、[P] の音を息を、止めて発音します。子音字の数は複数ありますが、発音は３つにまとめられます。
パッチム	**発音**	**発音のポイント**
ㄱ, ㅋ, ㄲ	[k]	「はっか」の「カ」を発音する前の息を止めた状態の [k] の音
ㄷ, ㅌ, ㅅ, ㅆ, ㅈ, ㅊ, ㅎ	[t]	「はった」の「タ」を発音する前の息を止めた状態の [t] の音で、歯ぐきの後ろでしっかり舌を止めます
ㅂ, ㅍ	[P]	「はっぱ」の「パ」を発音する前の口を閉じた状態の [P] の音

発音してみましょう！

お金	杯	夜	眠り	市 (いち)	月
トン **돈**	チャン **잔**	パム **밤**	チャム **잠**	チャン **장**	タル **달**
本	台所	外	すぐ	下	服
チェク **책**	プオク **부엌**	パク **밖**	コッ **곧**	ミッ **밑**	オッ **옷**
ある、いる	昼	花	ヒウッ(子音字ㅎ)	ご飯	前
イッタ **있다**	ナッ **낮**	ッコッ **꽃**	ヒウッ **히읗**	パプ **밥**	アプ **앞**

パッチムが2文字の場合

　パッチムに違った子音字が2つ並ぶことがあります。読むのはどちらか片方です。同じ子音字が2つ並んだ**ㄲ**と**ㅆ**は、1文字として読みます。

左側を読むもの ▶ ほとんどの場合、最初のパッチム（左側）を読みます。

ㄳ　ㄵ　ㄶ　ㄼ

ㄽ　ㄾ　ㅀ　ㅄ

　ただし、**ㄼ**のうち**밟다**「踏む」だけは、2つ目（右側）の**ㅂ**を読みます。

右側を読むもの ▶ 2つ目（右側）を読むものは3つしかないので、覚えておくと便利です。

ㄺ　ㄻ　ㄿ

発音してみましょう！

分け前	座る	多い	8つ
モク **몫**	アンタ **앉다**	マンタ **많다**	ヨドル **여덟**
一本気	なめる	嫌だ	値段
ウェゴル **외곬**	ハルタ **핥다**	シルタ **싫다**	カプ **값**
踏む	ニワトリ	若い	詠む
パプタ **밟다**	タク **닭**	チョムタ **젊다**	ウプタ **읊다**

3

韓国語の発音の悩み

Q11

パッチムの音が変化するしくみ
がわかりません。

A パッチムは子音で、7つの音にまとめられます。その子音が

次の音とつながったり、一体化することで音の変化が起きます。

　韓国語は、書かれた文字のとおりに発音されないことがあります。子音であるパッチムと次の音との関係で、いろいろな発音変化が起こります。

連音化のしくみ

　パッチムのある文字の次に、母音で始まる文字（○で始まる文字）がくると、パッチムは、次の文字の母音と一体化して初声として発音されます。このように、パッチムが次の音と連なって一体化する音の変化を**連音化**といいます。

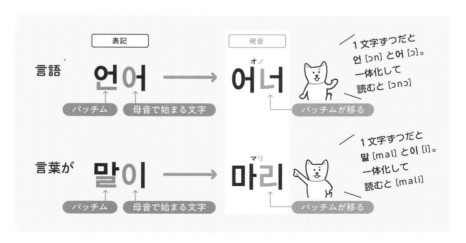

● 連音化することで有声音化

パッチムが平音のㄱ、ㄷ、ㅂ、ㅈのときに連音化すると、有声音化して濁音として発音されます（→P.38）。なお、ㅅは平音ですが有声音化しません。

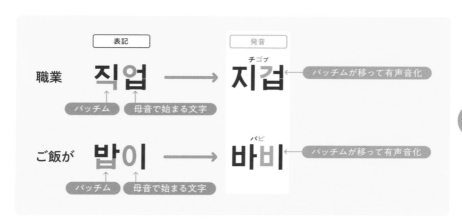

職業　**직업** ⟶ **지겁**（チゴブ）　パッチムが移って有声音化

（表記）（発音）

パッチム　母音で始まる文字

ご飯が　**밥이** ⟶ **바비**（パビ）　パッチムが移って有声音化

パッチム　母音で始まる文字

● 連音化することでよみがえる音

パッチムのㅅとㅊは、連音化すると初声の音に戻ります。

服を　**옷을** ⟶ **오슬**（オスル）　パッチムが移ると、ㅅは [s] の音に戻る

（表記）（発音）

パッチムがㅅの発音は [t]　母音で始まる文字

花が　**꽃이** ⟶ **꼬치**（ッコチ）　パッチムが移ると、ㅊは [tʃʰ] の音に戻る

パッチムがㅊの発音は [t]　母音で始まる文字

パッチムのあとに、[u] などの母音を入れないように発音しようね（→P.56）

3

韓国語の発音の悩み

51

● 連音化することで2つとも読む2文字のパッチム

2文字のパッチムは、次に母音で始まる文字がくると両方を読みます。

口蓋音化のしくみ

パッチムが**ㄷ**や**ㅌ**の場合、次に母音の**이**がくると、連音化しても[**디**]や[**티**]とは発音されず、[**지**]や[**치**]と発音されます。このような発音変化を**口蓋音化**といいます。口蓋音は、**ㅈ**や**ㅊ**のように舌と口蓋（口の中の天井の部分）の間で出される音です。

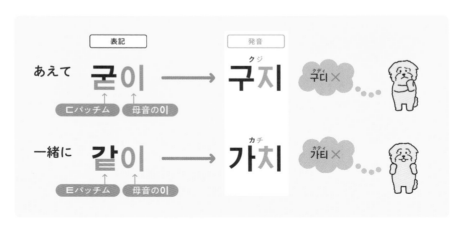

ㅎ [h] の弱音化のしくみ

パッチムが鼻音のㄴ [n]、ㅁ [m]、ㅇ [ŋ] や流音のㄹ [l] の場合、次にㅎがくるとㅎの音が弱くなったりほとんど聞こえなくなったりすることがあります。これを**ㅎの弱音化**といい、会話などノーマルスピードで話すときによく起こります。

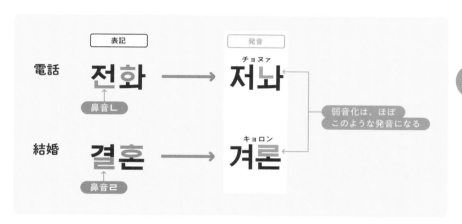

表記	発音
電話 **전화** 鼻音ㄴ	→ **저놔** チョヌァ
結婚 **결혼** 鼻音ㄹ	→ **겨론** キョロン

弱音化は、ほぼこのような発音になる

ㅎ [h] の無音化のしくみ

ㅎパッチムのあとに母音がくると、ㅎは常に発音しません。これを**ㅎの無音化**、あるいは**ㅎの脱落**といいます。

表記	発音	
良いです **좋아요** ㅎパッチムの無音化	→ **조아요** チョアヨ	조하요 ✕
嫌です **싫어요** ㅎパッチムが無音化し、ㄹが連音化する	→ **시러요** シロヨ	실허요 ✕

激音化の2つのパターン

激音化といわれる発音変化には、次の2つのパターンがあります。

● **パッチムが ㅎ で、その次に平音の ㄱ、ㄷ、ㅈ がくる場合**

パッチムが ㅎ でその次に、平音の ㄱ、ㄷ、ㅈ がくると、それぞれの平音は対応する激音 ㅋ、ㅌ、ㅊ として発音されます。

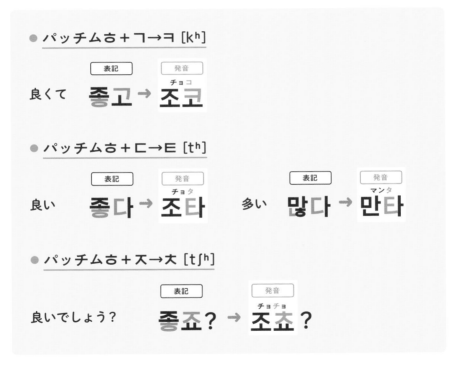

● **パッチム ㅎ ＋ ㄱ → ㅋ [kʰ]**

良くて　　表記 **좋고** → 発音 チョコ **조코**

● **パッチム ㅎ ＋ ㄷ → ㅌ [tʰ]**

良い　　表記 **좋다** → 発音 チョタ **조타**　　　多い　　表記 **많다** → 発音 マンタ **만타**

● **パッチム ㅎ ＋ ㅈ → ㅊ [tʃʰ]**

良いでしょう?　　表記 **좋죠?** → 発音 チョチョ **조쵸?**

ただし、パッチム ㅎ の次に ㅅ で始まる文字がくると、ㅅ は濃音化します。

良いです 表記 **좋습니다** → 発音 チョッスムニダ **조씀니다**

54

● パッチムが平音のㄱ、ㄷ、ㅂ、ㅈで、その次にㅎがくる場合

　パッチムがㄱ、ㄷ、ㅂ、ㅈの次にㅎで始まる文字がくると、パッチムはㅎと合体して、それぞれの平音は対応する激音ㅋ、ㅌ、ㅍ、ㅊとして発音されます。なお、パッチムの文字がㅅの場合は激音ㅌとして発音されます。

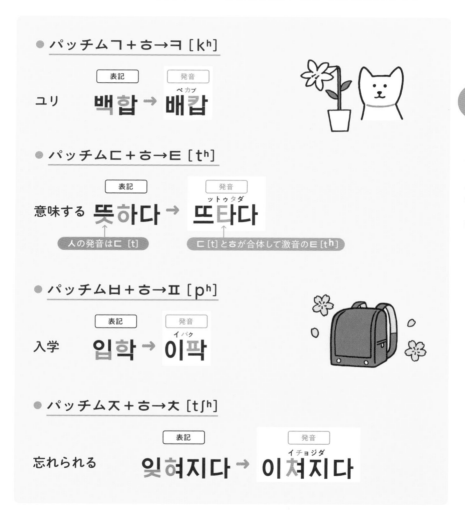

● パッチムㄱ＋ㅎ→ㅋ [kʰ]

ユリ　　| 表記 | 백합 → | 発音 | 배캅
ベカプ

● パッチムㄷ＋ㅎ→ㅌ [tʰ]

意味する　| 表記 | 뜻하다 → | 発音 | 뜨타다
ットゥタダ

ㅅの発音はㄷ [t]　　ㄷ [t] とㅎが合体して激音のㅌ [tʰ]

● パッチムㅂ＋ㅎ→ㅍ [pʰ]

入学　　| 表記 | 입학 → | 発音 | 이팍
イパク

● パッチムㅈ＋ㅎ→ㅊ [tʃʰ]

忘れられる　| 表記 | 잊혀지다 → | 発音 | 이쳐지다
イチョジダ

濃音化のしくみ

パッチムが閉鎖音ㄱ [k]、ㄷ [t]、ㅂ [ᵖ](→P.48) の場合、次に平音ㄱ、ㄷ、ㅂ、ㅅ、ㅈが続くと、それぞれの平音は濃音ㄲ、ㄸ、ㅃ、ㅆ、ㅉとして発音されます。この発音変化を**濃音化**といいます。

● パッチムの発音がㄱ [k]

約束　약속 → 약쏙（ヤクソク）

拭く　닦다 → 닥따（タクタ）
ㄲの発音はㄱ [k]

● パッチムの発音がㄷ [t]

受け取る　받다 → 받따（パッタ）

たんす　옷장 → 옫짱（オッチャン）
ㅅの発音はㄷ [t]

● パッチムの発音がㅂ [ᵖ]

雑誌　잡지 → 잡찌（チャプチ）

前後　앞뒤 → 압뮈（アプトゥイ）
ㅍの発音はㅂ [ᵖ]

パッチムを発音するコツ

たとえば、김치「キムチ」の場合、김のパッチムㅁ [m] を発音したあと、「終わった〜！」と口を開けてしまうと、そこに母音の [u] の音などが入り込んで기무になってしまいます。それを防ぐためには、次の치を発音するまで口の形を変えないようにします。そうすればきれいな김치の発音ができますよ。

鼻音化のしくみ

鼻音化とはパッチムの発音が、次にくる音によって鼻音に変化することです。

● 閉鎖音の鼻音化

閉鎖音ㄱ [k]、ㄷ [t]、ㅂ [P] のパッチムは、次に鼻音のㄴ [n] やㅁ [m] で始まる文字がくると、それぞれ対応する鼻音ㅇ [ŋ]、ㄴ [n]、ㅁ [m] で発音されます。

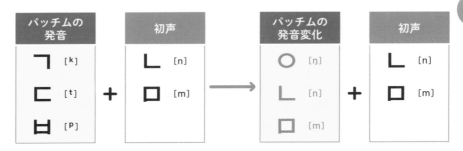

● パッチムㄱ [k] + ㄴ [n] → ㅇ [ŋ] + ㄴ [n]

	表記	発音	
学年	학년 →	항년 ハンニョン	ㄱ [k] の発音は鼻音化してㅇ [ŋ]

● パッチムㄷ [t] + ㄴ [n] → ㄴ [n] + ㄴ [n]

	表記	発音	
昔	옛날 →	옌날 イェンナル	人の発音はㄷ [t]。ㄷ [t] は鼻音化してㄴ [n]

● パッチムㅂ [P] + ㅁ [m] → ㅁ [m] + ㅁ [m]

	表記	発音	
十万	십만 →	심만 シムマン	ㅂ [P] の発音は鼻音化してㅁ [m]

● 流音ㄹの鼻音化

閉鎖音ㄱ [k]、ㄷ [t]、ㅂ [ᵖ] のパッチムは、次に流音ㄹ [r] が続くと、それぞれ対応する鼻音ㅇ [ŋ]、ㄴ [n]、ㅁ [m] で発音され、ㄹ [r] もㄴ [n] で発音されます。また、パッチムがㅇ [ŋ] やㅁ [m] のとき、次にㄹ [r] が続くと、ㄹ [r] はㄴ [n] で発音されます。

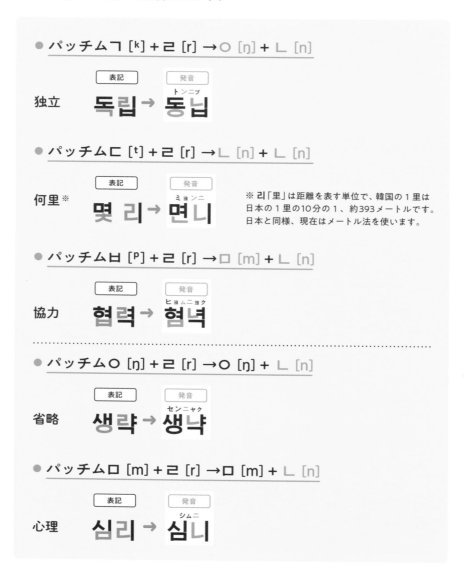

● パッチムㄱ [k] ＋ㄹ [r] →ㅇ [ŋ] ＋ㄴ [n]

独立
表記 독립 → 発音 동닙
トンニプ

● パッチムㄷ [t] ＋ㄹ [r] →ㄴ [n] ＋ㄴ [n]

何里※
表記 몇 리 → 発音 면 니
ミョンニ

※ 리「里」は距離を表す単位で、韓国の1里は日本の1里の10分の1、約393メートルです。日本と同様、現在はメートル法を使います。

● パッチムㅂ [ᵖ] ＋ㄹ [r] →ㅁ [m] ＋ㄴ [n]

協力
表記 협력 → 発音 협녁
ヒョムニョク

● パッチムㅇ [ŋ] ＋ㄹ [r] →ㅇ [ŋ] ＋ㄴ [n]

省略
表記 생략 → 発音 생냑
センニャク

● パッチムㅁ [m] ＋ㄹ [r] →ㅁ [m] ＋ㄴ [n]

心理
表記 심리 → 発音 심니
シムニ

流音化のしくみ

りゅう おん か

　パッチムが L [n] で次に ㄹ [r] が続くか、パッチムが ㄹ [l] の次に ㄴ [n] が続く場合、 ㄴ [n] は流音 ㄹ [l] で発音されます。この発音変化を **流音化** といいます。

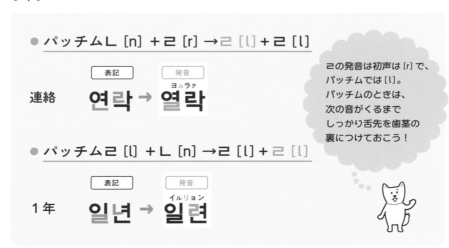

● パッチム ㄴ [n] ＋ ㄹ [r] → ㄹ [l] ＋ ㄹ [l]

| 表記 | 発音 |
連絡　**연락** → **열락**　ヨルラク

ㄹの発音は初声は [r] で、パッチムでは [l]。パッチムのときは、次の音がくるまでしっかり舌先を歯茎の裏につけておこう！

● パッチム ㄹ [l] ＋ ㄴ [n] → ㄹ [l] ＋ ㄹ [l]

| 表記 | 発音 |
1年　**일년** → **일련**　イルリョン

流音化と鼻音化の関連性

　鼻音化と流音化の関係を次のようにまとめました。それぞれの音の変化の関係を確認するときに便利ですよ。

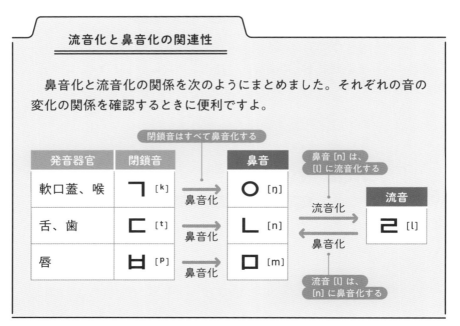

閉鎖音はすべて鼻音化する

発音器官	閉鎖音		鼻音
軟口蓋、喉	ㄱ [k]	鼻音化→	ㅇ [ŋ]
舌、歯	ㄷ [t]	鼻音化→	ㄴ [n]
唇	ㅂ [p]	鼻音化→	ㅁ [m]

鼻音 [n] は、[l] に流音化する

流音化 →
← 鼻音化

流音
ㄹ [l]

流音 [l] は、[n] に鼻音化する

[n] 音の挿入のしくみ

　合成語や2つの単語が続く場合、パッチムで終わる単語のあとに、이や야、
여、요、유で始まる単語が続くと、[n] の音が挿入されることがあります。

真夏　表記 한여름 → 発音 ハンニョルム 한녀름
　　　　　　　　　　└ [n] の挿入

　なお、直前のパッチムが閉鎖音ㄱ [k]、ㄷ [t]、ㅂ [ᵖ] の場合は、ㄱ [k]
はㅇ [ŋ]、ㄷ [t] はㄴ [n]、ㅂ [ᵖ] はㅁ [m] にそれぞれ鼻音化します。

韓国映画　表記 한국 영화 → 発音 ハングンニョンファ 한궁녕화
　パッチムㄱ [ᵏ]が鼻音化してㅇ [ŋ]　└ [n] の挿入

　直前のパッチムがㄹ [l] の場合は、挿入されたㄴ [n] はㄹ [l] に流音化し
ます。

ソウル駅　表記 서울역 → 発音 ソウルリョク 서울력
　挿入されたㄴ [n] が流音化してㄹ [l]

第 **4** 章

基本の表現や単語を把握しよう

最初に覚えておきたい、韓国語の基本的な表現や単語をピックアップし、
その学習ポイントをまとめました。

Q12

自己紹介で自分の名前を
伝えたいのですが、どう言えばよいですか？

A 自分の名前に「〜です」を意味する

イ ム ニ ダ　　エ ヨ　　イ エ ヨ
입니다や예요/이에요をつけて伝えればいいですよ。

名詞のあとにつける「〜です」は、指定詞**이다**（イダ）「〜である」を用います。かしこまった言い方、とうちとけた言い方の2種類の表現を覚えましょう。

名詞＋「〜です」のかしこまった表現

「〜です」を意味する**입니다**は、かしこまった堅い印象を与える表現でハムニダ体といいます（→P.90）。疑問形は、最後の**다**を**까?**（ッカ）に置き換えます。

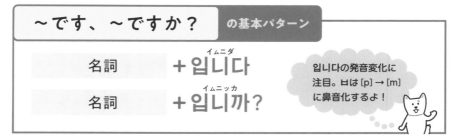

〜です、〜ですか？ の基本パターン

| 名詞 | ＋입니다（イムニダ） |
| 名詞 | ＋입니까?（イムニッカ） |

입니다の発音変化に注目。ㅂは [p] → [m] に鼻音化するよ！

浅田です。
アサダイムニダ
아사다입니다.

会社員ですか？
フェサウォニムニッカ
회사원입니까?
↑
連音化

文末の「?」マークを忘れずに！

名詞＋「〜です」のうちとけた表現

예요／이에요は、입니다と同じ「〜です」という意味ですが、うちとけた柔らかい印象を与える表現でヘヨ体といいます（→P.94）。前にくる名詞の最後が母音か子音（パッチム）かによって、形が変わります。

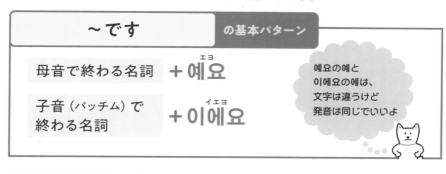

〜です	の基本パターン

母音で終わる名詞 ＋예요（エヨ）

子音（パッチム）で終わる名詞 ＋이에요（イエヨ）

> 예요の예と이에요の에は、文字は違うけど発音は同じでいいよ

4

浅田です。
아사다예요.
（アサダエヨ）

会社員です。
회사원이에요.
（フェサウォニエヨ）
↑ 連音化

疑問形「〜ですか？」は、예요／이에요?のように文末に「？」マークをつけます。言うときは、語尾のイントネーションを上げましょう。

浅田さんですか？
아사다 씨예요?
（アサダ ッシエヨ）

会社員ですか？
회사원이에요?
（フェサウォニエヨ）
↑ 連音化

씨（ッシ）は日本語の「〜さん」にあたり、日本人や外国人の名字のあとにつけることができます。ただし、韓国人の名字にそのまま用いると見下した印象になるので、使い方に気をつけましょう。会社などで上司が部下を呼ぶときはフルネームに、親しい同僚同士では名前に用いることもあります。目上の人は肩書きで呼ぶか、씨の代わりに선생님（ソンセンニム）「〜先生、〜さん」を使うとよいでしょう。

韓国語と日本語の 助詞の違い は何ですか？

A 韓国語の助詞は日本語と意味がほぼ対応しますが、

形を2つもつ助詞がある点が違います。

どちらがつくかは、前にくる名詞が

パッチムで終わっているかどうかで決まります。

　韓国語の助詞の形は、1つだけのものと2つのものがあります。3つのパターンに分けて考えてみましょう。

> パターン
> **1　形は1つ**

　母音で終わる名詞のあとでも、子音（パッチム）で終わる名詞のあとでも、形は1つだけで変化しません。

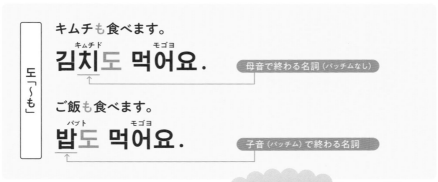

도「〜も」

キムチも食べます。
김치도 먹어요.
^{キムチド} ^{モゴヨ}
→ 母音で終わる名詞（パッチムなし）

ご飯も食べます。
밥도 먹어요.
^{パプト} ^{モゴヨ}
→ 子音（パッチム）で終わる名詞

> 名詞と助詞は、
> くっつけて書いてね

パターン 2 2つの形をもつ。
直前のパッチムの有無に着目

　助詞の形が2つあります。前にくる名詞がパッチムで終わっているかどう
かで形が変わります。

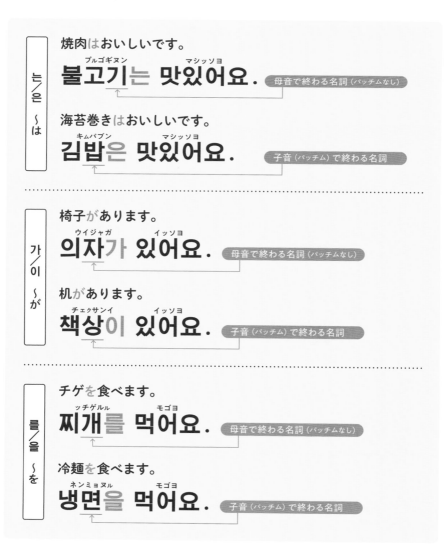

는／은
～は

焼肉はおいしいです。
ブルゴギヌン　　　　マシッソヨ
불고기는 맛있어요. 　母音で終わる名詞（パッチムなし）

海苔巻きはおいしいです。
キムパブン　　　　マシッソヨ
김밥은 맛있어요. 　子音（パッチム）で終わる名詞

가／이
～が

椅子があります。
ウイジャガ　　　イッソヨ
의자가 있어요. 　母音で終わる名詞（パッチムなし）

机があります。
チェクサンイ　　　イッソヨ
책상이 있어요. 　子音（パッチム）で終わる名詞

를／을
～を

チゲを食べます。
ッチゲルル　　　モゴヨ
찌개를 먹어요. 　母音で終わる名詞（パッチムなし）

冷麺を食べます。
ネンミョヌル　　　モゴヨ
냉면을 먹어요. 　子音（パッチム）で終わる名詞

4

基本の表現や単語を把握しよう

パターン3　２つの形をもつ。ㄹパッチムのあとは要注意

基本的にパターン２と同じで、２つの形があります。ただし、前にくる名詞がㄹパッチムで終わっているときは、母音で終わる場合と同じ形になります。

로／으로　〜で〈手段〉

バスで行きます。
버스로 가요.
ポスロ　カヨ
母音で終わる名詞（パッチムなし）

船で行きます。
배편으로 가요.
ペピョヌロ　カヨ
子音（パッチム）で終わる名詞

地下鉄で行きます。
지하철로 가요.
チハチョルロ　カヨ
ㄹパッチムで終わる名詞

● よく使われる助詞一覧

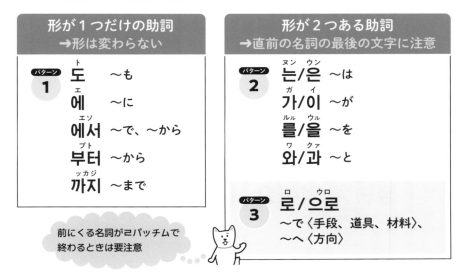

形が１つだけの助詞 →形は変わらない
パターン1
도　〜も（ト）
에　〜に（エ）
에서　〜で、〜から（エソ）
부터　〜から（プト）
까지　〜まで（ッカジ）

前にくる名詞がㄹパッチムで
終わるときは要注意

形が２つある助詞 →直前の名詞の最後の文字に注意
パターン2
는/은　〜は（ヌン　ウン）
가/이　〜が（ガ　イ）
를/을　〜を（ルル　ウル）
와/과　〜と（ワ　クァ）
パターン3
로/으로（ロ　ウロ）
〜で〈手段、道具、材料〉、 〜へ〈方向〉

　最初におさえておきたい、注意が必要な助詞の使い方を紹介します。日常の会話でとてもよく使われるので、動詞とセットで覚えると便利です。

를／을の場合

　P.65では、「～を」という意味の例を紹介しましたが、「人に会う」、「乗り物に乗る」というときの「～に」にも、この를／을を使います。에も「～に」という意味ですが、この場合は使えません。

友だちに会います。
친구를 만나요.
チングルル　　マンナヨ
母音で終わる名詞（パッチムなし）

先生に会います。
선생님을 만나요.
ソンセンニムル　　マンナヨ
子音（パッチム）で終わる名詞

飛行機に乗ります。
비행기를 타요.
ピヘンギルル　　タヨ
母音で終わる名詞（パッチムなし）

電車に乗ります。
전철을 타요.
チョンチョルル　　タヨ
子音（パッチム）で終わる名詞

가／이の使い方

　P.65では、「～が」という意味の例を紹介しましたが、疑問詞を使って「～は○○ですか？」と尋ねるときの「～は」にも가／이を使います。

ここはどこですか？
여기가 어디예요?
ヨギガ　　オディエヨ
母音で終わる名詞（パッチムなし）

故郷はどこですか？
고향이 어디예요?
コヒャンイ　　オディエヨ
子音（パッチム）で終わる名詞

韓国語にも、「こそあど」にあたる言葉はありますか？

A はい、あります。

日本語とだいたい一致すると考えてよいでしょう。

ものや場所を指し示す「こそあど」にあたる言葉を**指示語**といいます。

	この	これ	ここ
こ	イ 이	イゴッ 이것	ヨギ 여기
	その	**それ**	**そこ**
そ	ク 그	クゴッ 그것	コギ 거기
	あの	**あれ**	**あそこ**
あ	チョ 저	チョゴッ 저것	チョギ 저기
	どの	**どれ**	**どこ**
ど	オヌ 어느	オヌ ゴッ 어느 것	オディ 어디

것は「もの、こと」という意味の名詞

この人	その人	あの人	どの人
イ サラム 이 사람	ク サラム 그 사람	チョ サラム 저 사람	オヌ サラム 어느 사람

그 사람は、その場にいない
特定の人を指すときの
「あの人」という意味にもなるよ

이것은と이건は、
どちらも「これは」という意味ですが、
違いは何ですか？

A 이것은は、おもに文章を書くときに使われる書き言葉です。

이건は이것은を縮約した形で、会話のときによく使われます。

4

基本の表現や単語を把握しよう

　会話では이것「これ」などの指示語は、パッチムを省略して이거「これ」のように縮約します。助詞がついたときには助詞も縮約されます。

	これ	これは	これが	これを
書き言葉	イゴッ 이것	イゴスン 이것은	イゴシ 이것이	イゴスル 이것을
話し言葉（縮約形）	イゴ 이거	イゴン 이건	イゲ 이게	イゴル 이걸

이거＋이が
縮まった形

　指示語の이것「これ」、그것「それ」、저것「あれ」に助詞がついた形とその縮約形をまとめると、次のようになります。

これ	これは	これが	これを
イゴッ　イゴ 이것 (이거)	イゴスン　イゴン 이것은 (이건)	イゴシ　イゲ 이것이 (이게)	イゴスル　イゴル 이것을 (이걸)

それ	それは	それが	それを
クゴッ　クゴ 그것 (그거)	クゴスン　クゴン 그것은 (그건)	クゴシ　クゲ 그것이 (그게)	クゴスル　クゴル 그것을 (그걸)

あれ	あれは	あれが	あれを
チョゴッ　チョゴ 저것 (저거)	チョゴスン　チョゴン 저것은 (저건)	チョゴシ　チョゲ 저것이 (저게)	チョゴスル　チョゴル 저것을 (저걸)

※（　）内は縮約形

韓国語の数のかぞえ方を教えてください。

A 韓国語にも、日本語と同じように2種類の数詞があります。

漢字語の漢数詞と、固有語の固有数詞です。

漢数詞とは

「一、二…」と数える漢字を用いた数詞を**漢数詞**といいます。電話番号や年月日の表現、金額や学年などをいうときに使います。

零※	一	二	三	四	五	六	七	八	九	十
ヨン コン 영/공	イル 일	イ 이	サム 삼	サ 사	オ 오	ユク 육	チル 칠	パル 팔	ク 구	シプ 십

十一	十二	十三	十四	十五	十六	十七	十八	十九	二十
シビル 십일	シビ 십이	シプサム 십삼	シプサ 십사	シボ 십오	シムニュク 십육	シプチル 십칠	シプパル 십팔	シプク 십구	イシプ 이십

百	千	万	億	兆
ペク 백	チョン 천	マン 만	オク 억	チョ 조

※韓国語の0には、**영**「零」と**공**「空」という言い方があります。

「六」は、**십육**「十六」や**백육**「百六」のように、十の位や百の位など一の位より大きい数字と一緒に読むときは、**뉵**と発音します。

漢数詞は、左の文字から読んでいきます。十、百、千、万といった表現も日本語と対応しています。

五
オ
오

六十七
ユクシプチル
육십칠

八十九
パルシプク
팔십구

日本語の漢数詞の
読み方と同じだね

● 漢数詞の使い方

電話番号などを読むとき、0は<ruby>공<rt>コン</rt></ruby>と読むことがあります。「〜の」にあたる<ruby>의<rt>ウィ</rt></ruby>は [e] と発音します（→P.78）。

의「〜の」を
省略して、
数字をそのまま
読み上げる
言い方もあるよ

03 - 123 - 6789（03の123の6789）です。

コンサメ イルリサメ ユクチルパルグエヨ
공삼의 일이삼의 육칠팔구예요.

通貨単位の〜원「〜ウォン」のように、数詞のあとにつける単位を**助数詞**<rt>じょすうし</rt>といいます。次は、漢数詞と一緒に使われる助数詞の例です。

〜階	〜番	〜年生	〜ウォン	〜ヶ月	〜週間	〜泊
チュン	ポン	ハンニョン	ウォン	ケウォル	チュイル	パク
〜층	〜번	〜학년※	〜원	〜개월	〜주일	〜박

※発音は鼻音化して、[<ruby>항년<rt>ハンニョン</rt></ruby>] となります（→P.57）。

1万や1千万の場合、<ruby>일<rt>イル</rt></ruby>「1」を用いず<ruby>만<rt>マン</rt></ruby>「万」や<ruby>천만<rt>チョンマン</rt></ruby>「千万」とします。

1万5千ウォンです。

マン オチョン ウォニエヨ
만 오천 원이에요.

数詞と助数詞は
分かち書きしてね

4

基本の表現や単語を把握しよう

固有数詞とは

　日本語の「ひとつ、ふたつ…」にあたる韓国語固有の数詞を**固有数詞**といいます。ものの個数や本の冊数などをいうときに使います。日本語は10（とぉ）までを固有数詞で数えますが、韓国語は99まで数えられます。

1	2	3	4	5
ハナ　ハン 하나 (한)	トゥル　トゥ 둘 (두)	セッ　セ 셋 (세)	ネッ　ネ 넷 (네)	タソッ 다섯
6	**7**	**8**	**9**	**10**
ヨソッ 여섯	イルゴプ 일곱	ヨドル 여덟	アホプ 아홉	ヨル 열
11	**12**	**13**	**14**	**15**
ヨラナ　　　ヨラン 열하나 (열한)	ヨルトゥル ヨルトゥ 열둘 (열두)	ヨルセッ　ヨルセ 열셋 (열세)	ヨルレッ　ヨルレ 열넷 (열네)	ヨルタソッ 열다섯
16	**17**	**18**	**19**	**20**
ヨルリョソッ 열여섯	ヨリルゴプ 열일곱	ヨルリョドル 열여덟	ヨラホプ 열아홉	スムル　　スム 스물 (스무)

30	40	50	60	70	80	90	99
ソルン 서른	マフン 마흔	シュィン 쉰	イェスン 예순	イルン 일흔	ヨドゥン 여든	アフン 아흔	アフナホプ 아흔아홉

※（　）の中は、後ろに助数詞がくるときの表現

　固有数詞は 1 ～ 10、20、30、40、50、60、70、80、90を覚えると、99まで表すことができます。

　固有数詞の16（열여섯）、18（열여덟）は、[n]音が挿入されそれが流音化して、発音は [**열려섣**]、[**열려덜**] となります。なお、17（열일곱）は連音化して [**여릴곱**] となりますが、[**열릴곱**] とも発音されます。

● 固有数詞の使い方

固有数詞と一緒に使われる助数詞の例です。

～個	～時間	～杯（盃）	～杯（丼）	～冊
ケ ～개	シガン ～시간	チャン ～잔	クルッ ～그릇	クォン ～권
～名	～人	～本（瓶）	～歳	～枚
ミョン ～명	サラム ～사람	ビョン ～병	サル ～살	チャン ～장

3人います。

セ　ミョン　イッソヨ
세 명 있어요.

本が14冊あります。

チェギ　ヨルレ　グォン　イッソヨ
책이 열네 권 있어요.

固有数詞の「1」「2」「3」「4」「20」は、後ろに助数詞がくると、形が変わります。

1	2	3	4	20
ハナ 하나	トゥル 둘	セッ 셋	ネッ 넷	スムル 스물
↓	↓	↓	↓	↓
1個	2個	3個	4個	20個
ハン　ゲ 한 개	トゥ　ゲ 두 개	セ　ゲ 세 개	ネ　ゲ 네 개	スム　ゲ 스무 개

固有数詞を単独で使うこともあります。

ビビンパ（を）1つください。

ピビムパプ　ハナ　ジュセヨ
비빔밥 하나 주세요.

73

Q17

時間の表現を教えてください。

A 「～時」を表す場合は固有数詞、「～分」や「～秒」を
表す場合は漢数詞を使います。混乱しないようにしましょう。

　時間の表現には、固有数詞と漢数詞の両方を使います。「～時」というとき
の**시**のみが固有数詞を使い、ほかは漢数詞を使います。

時間の表現 ハングルで書く場合は、数詞と**시**「時」、**분**「分」、**초**「秒」
は分かち書きにします。

固有数詞	**시** _時	漢数詞	**분** _分	漢数詞	**초** _秒

時刻	読み（カナ）	ハングル
12時	ヨルトゥ シ	열두 시
11時	ヨラン シ	열한 시
10時	ヨル シ	열 시
9時	アホプ シ	아홉 시
8時	ヨドル シ	여덟 시
7時	イルゴプ シ	일곱 시
6時	ヨソッ シ	여섯 시
1時	ハン シ	한 시
2時	トゥ シ	두 시
3時	セ シ	세 시
4時	ネ シ	네 시
5時	タソッ シ	다섯 시

10時10分です。
ヨル シ シップニエヨ
열 시 십 분이에요.

하나 시とは
言わないので
注意！

1時　15分　8秒
ハン シ　シボ ブン　パル チョ
→**한 시 십오 분 팔 초**

A 年月日は、すべて漢数詞で表現します。

ただし、月を表すときに6月と10月はパッチムが取れます。

　年月日は、漢数詞に**년**「〜年」、**월**「〜月」、**일**「〜日」をそのまま使います。数詞と助数詞は分かち書きが原則ですが、年月日はつけて書くことも多いです。

4

基本の表現や単語を把握しよう

2023**年**8**月**7**日**

イチョンイシプサムニョン　　バルォル　　チリル
이천이십삼년 팔월 칠일

　月の呼び方で、**유월**「6月」と**시월**「10月」では、数字のパッチムが取れることに着目しましょう。

1月	2月	3月	4月	5月	6月
イルォル **일월**	イウォル **이월**	サモォル **삼월**	サウォル **사월**	オウォル **오월**	ユウォル **유월**

7月	8月	9月	10月	11月	12月
チルォル **칠월**	バルォル **팔월**	クウォル **구월**	シウォル **시월**	シビルォル **십일월**	シビウォル **십이월**

1**月**23**日**です。

イルォル　　イシプサミリエヨ
일월 이십삼일이에요.

6**月**6**日**です。

ユウォル　　ユギリエヨ
유월 육일이에요.

10**月**10**日**です。

シウォル　　シビリエヨ
시월 십일이에요.

年齢の表現を教えてください。

A 固有数詞を使った言い方と

漢数詞を使った言い方の2種類があります。

　韓国語で年齢を表す場合、固有数詞を使った言い方と漢数詞を使った言い方があります。**固有数詞には～살、漢数詞には～세**という助数詞が一緒に使われます。

年齢の表現　　日常会話では**살**がよく使われ、**세**は書類に記入するときなどによく使われます。

固有数詞	サル **살** 歳	漢数詞	セ **세** 歳

なお、固有数詞だけで年齢を伝えることもあります。

18歳です。（固有数詞を使う）
ヨルリョドル　　サリエヨ
열여덟 살이에요.

18です。（固有数詞だけを使う）
ヨルリョドリエヨ
열여덟이에요.

18歳です。（漢数詞を使う）
シプパル　　セエヨ
십팔 세예요.

年齢を伝えるときに、
パルシビ　ニョンセンイエヨ
팔십이 년생이에요
「82年生まれです」
などと、生まれ年で
伝えることも
よくあります

「何歳ですか？」と尋ねるとき、相手が目上かそうでないかによって、表現を使い分けたほうがよいでしょう。

おいくつですか？（目上の人に尋ねるとき）

연세_{ヨンセガ}**가 어떻게**_{オットケ} **되세요**_{ドェセヨ}**?**

80じゃよ。

여든_{ヨドゥニヤ}**이야.**

直訳 お歳がどのようにおなりですか？

何歳ですか？
（同年代や目下の人に尋ねるとき）

몇_{ミョッ} **살이에요**_{サリエヨ}**?**

15歳です。

열다섯_{ヨルタソッ} **살이에요**_{サリエヨ}**.**

4

基本の表現や単語を把握しよう

年齢をいうときの注意

　固有数詞を使って「20歳」という場合、스무 살_{スム サル}となり스물_{スムル}「20」の最後にある**ㄹ**パッチムが取れます（→P.72）。このことと混同して、스물다섯 살_{スムルタソッ サル}「25歳」などというときに、스물_{スムル}の**ㄹ**パッチムを取って스무다섯 살_{スム}と言ってしまいがちです。助数詞が直接つくとき以外は、数詞の**ㄹ**パッチムは取れません。

25歳

스물다섯_{スムルタソッ} **살**_{サル}
↑
스물の**ㄹ**パッチムを
取らないように注意

合成母音字 ᅴ の 4 つのケース

合成母音字の発音は、4つのケースで異なります。発音は、ウイ[ɰi]、イ[i]、エ[e]の3種類です。

❶語頭の의：ウイ [ɰi] 単語の語頭に의がきた場合は、すべて文字どおりᅴ [ɰi] と発音します	医者 ^{ウイサ} 의사	意味 ^{ウイミ} 의미
❷ㅇ以外の子音字+ᅴ ：イ [i] ㅇ以外の子音字とᅴが組み合わさった場合は、すべて l [i] と発音します	白い ^{ヒダ} 희다	模様 ^{ムニ} 무늬
❸語中の의：イ [i] 単語の語中に、의がきた場合は、ほとんど l [i] と発音されます	注意 ^{チュイ} 주의	会議 ^{フェイ} 회의
❹助詞の의：エ [e] 所有を表す助詞의「～の」は、ほとんどㅔ [e] と発音されます	友だちの夢 ^{チングエ} ^{ックム} 친구의 꿈	私たちの未来 ^{ウリエ} ^{ミレ} 우리의 미래

同じ의でも
すべて発音が違う
こともあるよ！

意義の
^{ウイ イ エ}
의의의

単語の語頭 助詞「～の」
単語の語中

発音を
ハングルで表すと、
[의이에] となるよ

第 **5** 章

活用の基礎知識を
固めよう

語尾活用は、文法を学習するうえで非常に重要な項目のひとつです。
3つの語尾活用の特徴を丁寧に解説します。

語幹(ごかん)って何ですか?

A 語幹とは、用言の原形から**다**を取った部分を指します。

語幹(ごかん)と語幹末(ごかんまつ)

　動詞や形容詞、存在詞や指定詞などの**用言**にはさまざまな語尾がつき、それに合わせて用言の形が変わります。これを**活用**といいます。

　辞書に載っている用言の形を**原形**、または**辞書形**、**基本形**と呼びます。

　用言のすべての原形には最後に**다**がついています。原形から**다**を取った部分を**語幹**といい、語幹の最後の文字を**語幹末**といいます。

　語幹は活用するときに基本的に変化しない部分です。この語幹に「〜です、〜ます」など、いろいろな語尾がつきます。

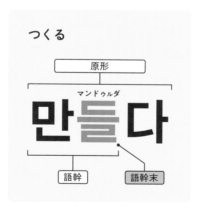

つくる

原形

マンドゥルダ

만들다

語幹　　語幹末

「語幹」「語幹末」は、
活用を知るうえで
とても大切なキーワード

母音語幹と子音語幹

　語幹の最後の文字である語幹末が、母音で終わるものを**母音語幹**、子音（パッチム）で終わるものを**子音語幹**と呼びます。なお、子音のうち己パッチムで終わるものを**己語幹**といいます。

母音語幹	子音語幹	己語幹
見る	読む	知る、わかる
ポダ 보다	イクタ 읽다	アルダ 알다
母音	子音（パッチム）	己パッチム

陽母音語幹と陰母音語幹

　語幹末の母音が陽母音（ト、ㅗ）のものを**陽母音語幹**、陰母音（ト、ㅗ以外）のものを**陰母音語幹**と呼びます（→P.28）。

陽母音語幹	陰母音語幹
見る	読む
ポダ 보다	イクタ 읽다
陽母音	陰母音

パッチムが
あってもなくても、
チェックポイントは
語幹末の母音だよ！

用言の活用について教えてください。

A 韓国語では、用言の語幹にいろいろな語尾がついて活用します。
活用のパターンは、3つに分けて考えるとわかりやすいですよ。

活用は3種類に分類できる

韓国語の活用は、次の3種類に分類できます。どんな語幹に、どんな語尾がつくかは決まっています。活用のしかたは用言の語幹末がどうなっているかで変わるので、P.81の語幹の種類をしっかり頭に入れて丁寧に見ていくと、だんだん活用のしくみがわかってきますよ。

活用 1 語幹にそのまま語尾がつきます（→P.84）。

読みたいです。

イルコ　　　　シボヨ
읽고 싶어요.

읽다「読む」の語幹

「～したいです」という意味の語尾

しくみは
シンプル！

語幹末が母音、ㄹ以外の子音（パッチム）、ㄹパッチムのどれかで、語尾のつき方が決まります（→P.86）。子音（パッチム）で終わるときには으がつく語尾が続きます。

 語幹末の母音が陽母音か陰母音かで、語尾の形が決まります（→P.88）。陽母音には아が、陰母音には어がついた語尾が続きます。

　用言によっては、それぞれの活用で規則的な活用をするものと不規則な活用をするものがあります。次ページから、まず規則的な活用をおさえましょう。なお、不規則活用については、「第9章」（→P.141～）で解説します。

● **語幹にそのまま語尾がつく**

　語幹にそのまま語尾がつく形です。用言の原形から다を取って、そこに語尾をつなげるだけなので、つくり方も見分け方もとても簡単です。

　次の例で紹介する-고 싶어요「～したいです」は、語幹にそのままつく語尾のひとつです。

● **語尾のつき方**

母音語幹

見たいです

　　　　　　　　　　　　　　　　　　　　　　보다 ⑩見る、会う

보다 ＋ －고 싶어요 → 보고 싶어요 ※
見　　　　 ～したいです　　　 見たいです

子音語幹

受け取りたいです

　　　　　　　　　　　　　　　　　　　　　　받다 ⑩受け取る

받다 ＋ －고 싶어요 → 받고 싶어요
受け取り　　 ～したいです　　　受け取りたいです

ㄹ語幹

知りたいです

　　　　　　　　　　　　　　　　　　　　　　알다 ⑩知る、わかる

알다 ＋ －고 싶어요 → 알고 싶어요
知り　　　 ～したいです　　　知りたいです

結局、語幹末が
どんな形でも、つき方は
変わらないんだね！

● 例文を見てみましょう

母音語幹

車が来ますね。

차가 오네요.
チャガ　オネヨ

車が　来ますね

오＋네요

오다 オダ **動** 来る

語幹にそのまま
語尾がつくよ

子音語幹

この本は私が読みます。

이 책은 제가 읽겠어요.
イ　チェグン　チェガ　イルケッソヨ

この　本は　私が　読みます

읽＋겠어요

읽다 イクタ **動** 読む

語幹にそのまま
語尾がつくよ

ㄹ語幹

その人を知っています。

그 사람을 알고 있어요.
ク　サラムル　アルゴ　イッソヨ

その　人を　知っています

알＋고 있어요

알다 アルダ **動** 知る、わかる

語幹にそのまま
語尾がつくよ

会いたいです。
보고 싶어요.
ポゴ　シポヨ

※보고 싶어요は「見たいです」「会いたいです」という２つの意味で使います。

▷ 活用1 につく語尾の例

-고 싶어요　〜したいです（→P.182）
　コ　シポヨ

-겠어요　〜します、〜でしょう（→P.181）
　ケッソヨ

-고 있어요　〜しています（→P.183）
　コ　イッソヨ

-네요　〜ですね、〜ますね（→P.185）
　ネヨ

으がつくかつかないか、それが問題だ！

● 母音語幹にはそのまま、子音語幹には으

　母音語幹にはそのまま語尾がつき、子音語幹には으のついた語尾がつく形です。ㄹ語幹では、ㄹパッチムが取れるときと取れないときがあります（→ P.142）。-세요/으세요？は、「お～なりますか？」という意味の尊敬を表す語尾表現、-면/으면は「～れば、～たら」という仮定を表す語尾表現です。

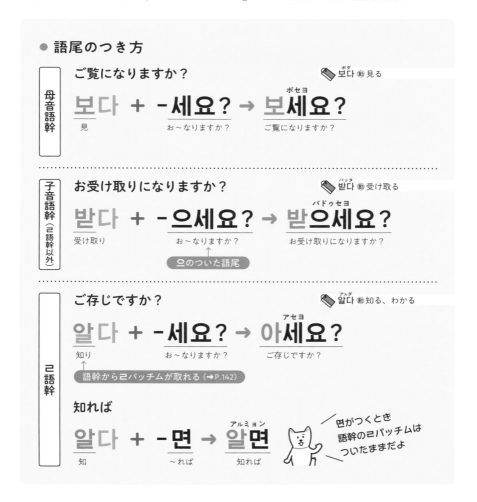

● 語尾のつき方

母音語幹

ご覧になりますか？

　　보다 ⑩ 見る

보다（見）＋ -세요？（お～なりますか？）→ 보세요？（ご覧になりますか？）

子音語幹（ㄹ語幹以外）

お受け取りになりますか？

　　받다 ⑩ 受け取る

받다（受け取り）＋ -으세요？（お～なりますか？）→ 받으세요？（お受け取りになりますか？）

으のついた語尾

ㄹ語幹

ご存じですか？

　　알다 ⑩ 知る、わかる

알다（知り）＋ -세요？（お～なりますか？）→ 아세요？（ご存じですか？）

語幹からㄹパッチムが取れる（→P.142）

知れば

알다（知）＋ -면（～れば）→ 알면（知れば）

면がつくとき語幹のㄹパッチムはついたままだよ

● 例文を見てみましょう

母音語幹

ここで待ちますね。

キダリダ 🔊 待つ
기다리다

_{ヨギソ} _{キダリルケヨ}
여기서 기다릴게요.
ここで　　　待ちますね

기다리 + ㄹ게요

語幹にそのまま語尾が
もぐり込むよ

....

子音語幹（ㄹ語幹以外）

天気が良いので散歩しましょう。

チョタ 🔊 良い
좋다

_{ナルッシガ} _{チョウニッカ} _{サンチェケヨ}
날씨가 좋으니까 산책해요.
天気が　　　良いので　　　散歩しましょう

좋 + 으니까

으のついた語尾がつくよ

....

ㄹ語幹

韓国料理をつくろうと思います。

マンドゥルダ 🔊 つくる
만들다

_{ハングンニョリルル} _{マンドゥルリョゴ} _{ヘヨ}
한국 요리를 만들려고 해요.
韓国料理を　　　つくろうと思います

만들 + 려고 해요

려고がつくとき語幹の
ㄹパッチムは
ついたままだよ

韓国料理をおつくりになりますか？

_{ハングンニョリルル} _{マンドゥセヨ}
한국 요리를 만드세요?
韓国料理を　　　おつくりになりますか？

만드 + 세요?

語幹만들から
ㄹパッチムが取れて
語尾がつくよ

....

▶ 活用2 につく語尾の例

_{ニッカ} _{ウニッカ}
-니까 / 으니까 　～ので、～から（→ P.166）

_{リョゴ} _{ウリョゴ}
-려고 / 으려고 　～しようと（→ P.168）

_{セヨ} _{ウセヨ}
-세요 / 으세요 　お～になります（→ P.129）

_{ルケヨ} _{ウルケヨ}
-ㄹ게요 / 을게요 　～しますね（→ P.190）

_{ミョン} _{ウミョン}
-면 / 으면 　～れば、～たら（→ P.169）

活用3 아がつくか어がつくか、それが問題だ！

● 陽母音語幹には아、陰母音語幹には어

語幹末の母音が陽母音（ト、エ）のときは아のついた語尾が、陰母音（ト、エ以外）のときは어のついた語尾がつく形です。

次の例で紹介する－아요/어요は、「～です、～ます」という意味のうちとけた柔らかい印象を与える文末表現です。

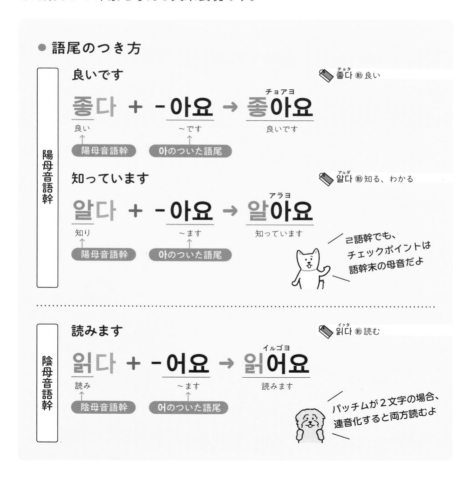

● 語尾のつき方

陽母音語幹

良いです

좋다 + -아요 → 좋아요
良い　　　～です　　　良いです
陽母音語幹　아のついた語尾

　　　　　　　　　　チョタ
　　　　　　　　　　좋다 ◉ 良い

知っています

알다 + -아요 → 알아요
知り　　　～ます　　　知っています
陽母音語幹　아のついた語尾

　　　　　　　　　　アルダ
　　　　　　　　　　알다 ◉ 知る、わかる

ㄹ語幹でも、
チェックポイントは
語幹末の母音だよ

陰母音語幹

読みます

읽다 + -어요 → 읽어요
読み　　　～ます　　　読みます
陰母音語幹　어のついた語尾

　　　　　　　　　　イクタ
　　　　　　　　　　읽다 ◉ 読む

パッチムが2文字の場合、
連音化すると両方読むよ

● 例文を見てみましょう

陽母音語幹

窓を閉めてください。

🏷 ^{タッタ}닫다 🛢 閉める

창문 좀 닫아 주세요.
チャンムン ジョム タダ ジュセヨ

窓 (を)　ちょっと　　　閉めてください

この좀は訳さないこともある　　닫+아 주세요

> 陽母音語幹には
> 아のついた
> 語尾がつくよ

服が小さくて入りません。

🏷 ^{チャクタ}작다 🛢 小さい

옷이 작아서 안 들어가요.
オシ チャガソ アン ドゥロガヨ

服が　　　小さくて　　　入りません

작+아서

陰母音語幹

ここにお名前を書いてください。

🏷 ^{チョクタ}적다 🛢 書く

여기에 성함 좀 적어 주세요.
ヨギエ ソンハム ジョム チョゴ ジュセヨ

ここに　　お名前 (を) ちょっと　　書いてください

적+어 주세요

> 陰母音語幹には
> 어のついた
> 語尾がつくよ

遅れて申し訳ありません。

🏷 ^{ヌッタ}늦다 🛢 遅れる

늦어서 죄송합니다.
ヌジョソ チェソンハムニダ

遅れて　　　申し訳ありません

늦+어서

▶ 活用3 につく語尾の例

-아서/어서　〜ので（→P.171）
　　アソ　オソ

-아요/어요　〜です、〜ます（→P.94）
　　アヨ　オヨ

-아/어 주세요　〜してください（→P.198）
　　ア　オ　ジュセヨ

韓国語は、「ニダ」や「ヨ」で終わる文が
多いですね。違いは何ですか?

A 「ニダ」は-ㅂ니다（ムニダ）や-습니다（スムニダ）のことで、かしこまった印象を
与える文末表現、「ヨ」はうちとけた印象を与える文末表現の
-요（ヨ）です。両方とも日本語の「〜です、〜ます」にあたります。

　丁寧な文末表現には、-ㅂ니다や-습니다で終わる**ハムニダ（합니다）体**（ハムニダ）と、
-아요（アヨ）や-어요（オヨ）で終わる**ヘヨ（해요）体**（ヘヨ）の2種類があります。

※ハムニダ体を-ㅂ니다（ムニダ）/습니다（スムニダ）体、ヘヨ体を요（ヨ）体と呼ぶこともあります。

かしこまった表現ハムニダ体
-ㅂ니다/습니다「〜です、〜ます」

　ハムニダ（합니다）体は、かしこまった堅い印象を与える文末表現です。会
話で使われるほか、ニュース、演説、公共のアナウンスなど、公式な場でよ
く使われます。

　用言の語幹に-ㅂ니다、または-습니다をつけてつくります。どちらがつく
かは、語幹末が母音語幹か、ㄹ語幹か、それ以外の子音語幹かで決まります。
母音語幹には-ㅂ니다がつき、子音語幹には-습니다がつきます。ただし、ㄹ
語幹の場合には、ㄹパッチムが取れて-ㅂ니다がつきます。

　動詞、形容詞、存在詞、指定詞のすべての用言でつき方は同じです。

　発音の変化に注意しましょう。-ㅂ니다/습니다のㅂパッチムは、次にㄴが
くるので鼻音化してㅁ [m] と発音されます。

※ -ㅂ니다의의がつく語尾として-읍니다がありましたが、1988年に標準語は-습니다に統一されました。
-습니다を 活用1 とする見方もありますが、本書では学習のしやすさを考えて-ㅂ니다とともに 活用2
で扱うことにしました。

～です、～ます の基本パターン

母音語幹		
ㄹ語幹（ㄹ脱落）	**+ -ㅂ니다** _{ムニダ}	

子音語幹（ㄹ語幹以外）　**+ -습니다** ^{スムニダ}

> 母音語幹の場合と、
> ㄹ語幹でㄹパッチムが
> 取れる場合では、
> 同じ形がつくんだね

5

活用の基礎知識を固めよう

● 語尾のつき方

母音語幹

行きます

🗒️ 가다 ^{カダ} 動 行く

가다 **+ -ㅂ니다** → 갑니다 ^{カムニダ}
行き　　　　～ます　　　　行きます

> ㅂパッチムは鼻音化して
> [p] → [m] になるよ！

子音語幹（ㄹ語幹以外）

良いです

🗒️ 좋다 ^{チョタ} 形 良い

좋다 **+ -습니다** → 좋습니다 ^{チョッスムニダ}
良い　　　　～です　　　　良いです

ㄹ語幹

知っています

🗒️ 알다 ^{アルダ} 動 知る、わかる

알다 **+ -ㅂ니다** → 압니다 ^{アムニダ}
知って　　　　～ます　　　　知っています

↑
語幹알からㄹパッチムが取れる（→ P.142）

● 例文を見てみましょう

母音語幹

私は日本人です。

^{チョヌン} ^{イルボン} ^{サラミムニダ}
저는 일본 사람입니다.

私は　　　日本　　　人です

이 + ㅂ니다 (→P.62)

🏷 ^{イダ} 이다 ㉔ 〜である

子音語幹（ㄹ語幹以外）

朝はパンを食べます。

^{アチメヌン} ^{ッパンウル} ^{モクスムニダ}
아침에는 빵을 먹습니다.

朝は　　　　パンを　　食べます

먹 + 습니다

🏷 ^{モクタ} 먹다 ⑩ 食べる

아침「朝」には、
「朝食」という意味もあるよ

映画に関心があります。

^{ヨンファエ} ^{クァンシミ} ^{イッスムニダ}
영화에 관심이 있습니다.

映画に　　　関心が　　　あります

있 + 습니다

🏷 ^{イッタ} 있다 ㉕ ある、いる

ㄹ語幹

家はここから遠いです。

^{チブン} ^{ヨギソ} ^{モムニダ}
집은 여기서 멉니다.

家は　　　ここから　　遠いです

머 + ㅂ니다

🏷 ^{モルダ} 멀다 ㉖ 遠い

語幹멀からㄹパッチムが取れて、
語尾がもぐり込むよ

92

● 疑問文のつくり方

ハムニダ体の最後の**다**<small>タ</small>を**까?**<small>ッカ</small>に替えると疑問形になります。肯定を表す「はい」は**예**<small>イェ</small>/**네**<small>ネ</small>、否定を表す「いいえ」は**아니요**<small>アニョ</small>/**아뇨**<small>アニョ</small>といいます。

● 例文を見てみましょう

母音語幹

ヨガ教室に通っていますか？

📖 **다니다**<small>タニダ</small> 動 通う

요가<small>ヨガ</small> **교실에**<small>キョシレ</small> **다닙니까?**<small>タニムニッカ</small>

ヨガ　　教室に　　通っていますか？

다니 + ㅂ니까?

はい、毎朝通っています。

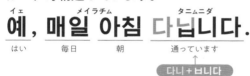

예,<small>イェ</small> **매일 아침**<small>メイラチム</small> **다닙니다.**<small>タニムニダ</small>

はい　　毎日　　朝　　通っています

다니 + ㅂ니다

子音語幹（ㄹ語幹以外）

病院は家から近いですか？

📖 **가깝다**<small>カッカプタ</small> 形 近い

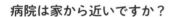

병원은<small>ピョンウォヌン</small> **집에서**<small>チベソ</small> **가깝습니까?**<small>カッカプスムニッカ</small>

病院は　　家から　　近いですか？

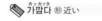 가깝 + 습니까?

ㄹ語幹

家はここから遠いですか？

📖 **멀다**<small>モルダ</small> 形 遠い

집은<small>チブン</small> **여기서**<small>ヨギソ</small> **멉니까?**<small>モムニッカ</small>

家は　　ここから　　遠いですか？

머 + ㅂ니까?

語幹멀からㄹパッチムが取れて、
語尾がもぐり込むよ

いいえ、近いです。

아니요,<small>アニョ</small> **가깝습니다.**<small>カッカプスムニダ</small>

いいえ　　近いです

 가깝 + 습니다

 子音語幹가깝に
습니다がついた形だよ

うちとけた表現ヘヨ体
-아요/어요 「～です、～ます」
アヨ　オヨ

ヘヨ(해요)体は、うちとけた柔らかい印象を与える文末表現で、日常会話などでよく使われます。動詞、形容詞、存在詞の語幹に**-아요**または**-어요**をつけてつくります（指定詞についてはP.62、102）。どちらがつくかは、語幹末の母音が陽母音（ㅏ、ㅗ）か陰母音（ㅏ、ㅗ以外）かで決まる 活用3 （→P.88）の形です。

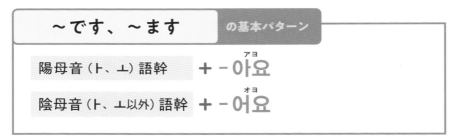

～です、～ます	の基本パターン
陽母音（ㅏ、ㅗ）語幹	＋ -아요 (アヨ)
陰母音（ㅏ、ㅗ以外）語幹	＋ -어요 (オヨ)

● 語尾のつき方

陽母音語幹

良いです

✎ 좋다 彫 良い (チョタ)

좋다 + -아요 → 좋아요
良い　　　～です　　　良いです
チョアヨ
陽母音語幹　아のついた語尾

陰母音語幹

読みます

✎ 읽다 動 読む (イクタ)

읽다 + -어요 → 읽어요
読み　　　～ます　　　読みます
イルゴヨ
陰母音語幹　어のついた語尾

읽어요の発音変化については、P.52を参照してね

　なお、指定詞**이다**「～である」、**아니다**「～でない」は形が異なるので、P.63とP.102を参照してください。
イダ　　　　　アニダ

● 例文を見てみましょう

陽母音語幹

私は東京に住んでいます。

저는　도쿄에　살아요.
_{チョヌン}　_{トキョエ}　_{サラヨ}

私は　　東京に　住んでいます
　　　　　　　　　↑
　　　　　　　　살 + 아요

📗 ^{サルダ}살다 働 住む

世の中は本当に狭いです。

세상은　정말　좁아요.
_{セサンウン}　_{チョンマル}　_{チョバヨ}

世の中は　本当に　狭いです
　　　　　　　　↑
　　　　　　　좁 + 아요

📗 ^{チョプタ}좁다 形 狭い

陰母音語幹

今日、約束がありますか？

오늘　약속이　있어요?
_{オヌル}　_{ヤクソギ}　_{イッソヨ}

今日　約束が　ありますか？
　　　　　　　↑
　　　　　있 + 어요?

📗 ^{イッタ}있다 存 ある、いる

最後に「?」マークをつけると疑問形になるよ

夕飯を一緒につくりましょう。

저녁　같이　만들어요.
_{チョニョク}　_{カチ}　_{マンドゥロヨ}

夕飯（を）　一緒に　つくりましょう
　　　　　　　　↑
　　　　　　만들 + 어요

📗 ^{マンドゥルダ}만들다 動 つくる

勧誘「～しましょう」のときも、아요/어요の形だよ

　なお、-아요/어요で終わるヘヨ体は、最後が「.」の場合、肯定文の「～です、～ます」以外に、勧誘の「～しましょう」や命令の「～しなさい」という意味にもなります。

一緒に学校に行きましょう。（勧誘）	早く学校に行きなさい。（命令）
같이　학교에　가요. _{カチ}　_{ハッキョエ}　_{カヨ} 一緒に　学校へ　行きましょう	빨리　학교에　가요. _{ッパルリ}　_{ハッキョエ}　_{カヨ} 早く　学校へ　行きなさい

5

活用の基礎知識を固めよう

가다のヘヨ体はなぜ가아요ではなく、가요なのですか？

A 가다のヘヨ体のつくり方は、가 + -아요ですが、

語幹末가に -아요の아が取り込まれるため、가요となります。

母音縮約のしくみ

　語幹末が母音で終わる用言は、ヘヨ体など [活用3] のときに、語尾の -아や -어が母音に取り込まれたり、母音と合体して縮約されたりします。これを**母音縮約**といいます。

● 母音が取り込まれる

가다 + -아요 → 가요
行きます

가다を語幹末の母音に取り込まれる

🏷 가다 動 行く

原形	意味	母音縮約のしかた
사다	買う	사 + -아요 → 사요
서다	立つ	서 + -어요 → 서요
보내다	送る	보내 + -어요 → 보내요
세다	強い	세 + -어요 → 세요
켜다	灯す	켜 + -어요 → 켜요

※쉬다「休む」など、母音縮約にならないものもあります。

● 母音が合体する

また、오다「来る」の語幹末の母音ㅗのあとに‐아요がつくと、母音ㅗとㅏが合体してㅘになります。

오다は必ず縮約されますが、보다「見る」や되다「なる」は、母音縮約しない場合もあります。会話ではおもに縮約形が使われます。

原形	意味	母音縮約のしかた
보다 ポダ	見る	보 + ‐아요 → 보아요 / 봐요 ポアヨ ポァヨ
배우다 ペウダ	学ぶ	배우 + ‐어요 → 배워요 ペウォヨ
가르치다 カルチダ	教える	가르치 + ‐어요 → 가르쳐요 カルチョヨ
되다 トェダ	なる	되 + ‐어요 → 되어요 / 돼요 トェオヨ トェヨ

● 例文を見てみましょう

来週、日本に来ますか？

オ
오다 動 来る

다음 주에 일본에 와요?
タウム チュエ イルボネ ワヨ
次の　週に　日本に　来ますか？
오 + 아요?

오と아が合体して
와になるよ

はい、来週日本に行きます。

カ
가다 動 行く

네, 다음 주에 일본에 가요.
ネ タウム チュエ イルボネ カヨ
はい　次の　週に　日本へ　行きます
가 + 아요

語尾の아が
取り込まれるよ

하다のヘヨ体は、どうして하요ではなく해요になるのですか？

A 하다はヘヨ体をつくるとき、不規則な活用をするからです。

原形が〜하다の場合、ヘヨ体は〜해요となります。

ハダ用言の活用

하다「する」や필요하다「必要だ」のように、原形が하다で終わる用言を**ハダ（하다）用言**といいます。ヘヨ体などをつくる [活用3] のときに不規則な活用をし、語幹に−아/어ではなく−여がつき、하여または해となります。ほとんど해を用いますが、書き言葉では하여を用いることがあります。

ハダ用言の品詞には動詞と形容詞があり、**名詞＋하다**の形が多いです。

하다 ＋ −여 → 하여または해

[活用3] のみ
不規則活用
するよ

● 例文を見てみましょう

この歌は有名です。

이 노래 유명해요.
この　　歌（は）　　有名です

📝 유명하다 ㉖ 有名だ

[活用3] のヘヨ体の
ときに不規則活用するよ

今、宿題をしています。

지금 숙제를 합니다.
今　　宿題を　　しています

📝 하다 ㊙ する

[活用2] のハムニダ体の
ときは規則活用だよ

25

ドラマでよく耳にする**パンマル**って何のことですか？

A パンマルとは、友だちや家族などの間で親密さを表す言い方です。ぞんざいな言葉遣いを指すこともあります。

　動詞、形容詞、存在詞のパンマルは、ヘヨ体の文末から요を取った形で、へ（해）体ともいいます。

　名詞のあとにくる「～である」や「～でない」といった指定詞の場合は、母音で終わる名詞には야をつけ、子音で終わる名詞には이야をつけます。最後に「？」をつけると疑問文になります。

● パンマルをつくる語尾（へ体）

	～だ、～なの （平叙形）	～なの（か）？ （疑問形）	～しよう （勧誘形）	～しろ （命令形）
動詞	-아/어	-아/어?	-아/어	-아/어
形容詞	-아/어	-아/어?	——	——
存在詞	-어	-어?	-어※	-어※
指定詞	～야/이야	～야/이야?	——	——

※있다「いる」のときだけ、勧誘・命令として使うことができます。

● 例文を見てみましょう

これ、誰？（写真を見ながら）

✎ 이다 働 〜である

이게 누구야?
<u>イゲ</u> <u>ヌグヤ</u>
これ　　誰（なの）？

母音で終わる名詞 + 야

母音で終わる名詞に
야をつけるよ

うちの妹だよ。

✎ 찍다 働 撮る

우리 여동생이야.
ウリ　　ヨドンセンイヤ
私たちの　　妹だよ

子音で終わる名詞 + 이야

子音で終わる名詞には
이야をつけるよ

かわいい〜。いつ撮ったの？

✎ 찍다 働 撮る

예쁘다〜. 언제 찍었어?
イェプダ〜　　オンジェ　ッチゴッソ
かわいい　　いつ　　撮ったの？

陰母音語幹 + 過去を表す었어요から요を取った形

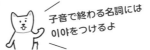
動詞の過去の疑問形。
過去形についてはP.118を見てね

- -

じゃあ、元気でね。バイバイ！

✎ 있다 働 ある、いる

그럼, 잘 있어. 안녕!
クロム　　チャリッソ　　アンニョン
それじゃ　元気で　いてね　　さようなら！

있어요から요を取った形で命令形

別れたあと、
残る人に対しての言い方

うん、気をつけて。

어, 잘 가.
オ　　チャル　ガ
うん　　よく　行ってね

가요から요を取った形

別れたあと、
立ち去る人への言い方

- -

元気出せ。ファイト！

✎ 내다 働 出す

힘내. 파이팅!
ヒムネ　　パイティン
力を出せ　　ファイト！

내요から요を取った形で命令形

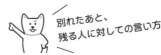
힘내は「力を出せ、がんばれ」という意味。
応援したり励ますときによく使うよ

第 **6** 章

いろいろな否定形

自分の考えをしっかり伝えるために大切な、否定表現の基本を
まとめました。「～しない」と「～できない」についても説明しています。

Q26

「私は○○ではありません」と
言うにはどうしたらよいですか？

A 「私は○○です」(→P.62) の否定文「私は○○ではありません」
は、指定詞**아니다**「〜でない」を使ってつくります。

指定詞の否定文のつくり方

名詞のあとにつく**이다**「〜である」の否定形は、**아니다**「〜でない」です。
名詞のあとに助詞の**가/이**をつけて用います。名詞が母音で終わる場合は**가**
を、子音（パッチム）で終わる場合は**이**をつけます。

〜ではない	の基本パターン
母音で終わる名詞	＋**가 아니다** カ　アニダ
子音（パッチム）で 終わる名詞	＋**이 아니다** イ　アニダ

助詞**가/이**は、
会話では省略される
こともあるよ！

● 指定詞の否定文の丁寧な文末表現

名詞	ハムニダ体 -ㅂ니다/습니다	ヘヨ体 -아요/어요	意味
母音で終わる名詞	〜**가 아닙니다** カ　アニムニダ	〜**가 아니에요** カ　アニエヨ	〜ではあ りません
子音（パッチム）で終わる名詞	〜**이 아닙니다** イ　アニムニダ	〜**이 아니에요** イ　アニエヨ	

看護師ではありません。

간호사_{カノサガ} **아닙니다**_{アニムニダ}.

看護師では

母音で終わる名詞＋가

간호사は、ㅎの弱音化により
[가노사]と発音するよ

ありません

学生ではありません。

학생_{ハクセンイ}**이 아니에요**_{アニエヨ}.

学生では

ありません

子音（パッチム）で終わる名詞＋이

母音で終わる名詞

子音で終わる名詞

● 例文を見てみましょう

母音で終わる名詞

田中さんは教師ではありません。

다나카_{タナカ} **씨는**_{ッシヌン} **교사가**_{キョサガ} **아닙니다**_{アニムニダ}.

田中　　　さんは　　　教師では　　　ありません

母音で終わる名詞＋가 아닙니다（ハムニダ体）

子音で終わる名詞

専攻は経済学ではありません。

전공은_{チョンゴンウン} **경제학이**_{キョンジェハギ} **아닙니다**_{アニムニダ}.

専攻は　　　経済学では　　　ありません

子音（パッチム）で終わる名詞＋이 아닙니다（ハムニダ体）

私はイギリス人ではありません。

저는_{チョヌン} **영국**_{ヨングク} **사람이**_{サラミ} **아니에요**_{アニエヨ}.

私は　　　イギリス　　　人では　　　ありません

子音（パッチム）で終わる名詞＋이 아니에요（ヘヨ体）

6

いろいろな否定形

103

指定詞の**否定疑問文と答え方**

否定形の疑問文を**否定疑問文**といいます。答え方は日本語の発想と同じように、質問の内容に対して「はい」「いいえ」で答えます。

● 普通の疑問文と答え方

あの人はスポーツ選手ですか？

_{チョ} _{サラムン} _{スポチュ} _{ソンスエヨ}
저 사람은 스포츠 선수예요?
あの　　　　人は　　　　スポーツ　　　選手ですか？

いいえ、スポーツ選手ではありません。俳優です。

_{アニョ} _{スポチュ} _{ソンスガ} _{アニエヨ} _{ペウエヨ}
아뇨, 스포츠 선수가 아니에요. 배우예요.
いいえ　　　スポーツ　　選手では　　ありません　　　俳優です

● 否定疑問文と答え方

あの人はスポーツ選手ではありませんか？

_{チョ} _{サラムン} _{スポチュ} _{ソンスガ} _{アニエヨ}
저 사람은 스포츠 선수가 아니에요?
あの　　　　人は　　　　スポーツ　　　選手では　　ありませんか？

はい、スポーツ選手ではありません。俳優です。

_ネ _{スポチュ} _{ソンスガ} _{アニエヨ} _{ペウエヨ}
네, 스포츠 선수가 아니에요. 배우예요.
はい　　　スポーツ　　選手では　　ありません　　　俳優です

Q 27

「あります、います」の否定表現はどうなりますか？

A 있다「ある、いる」の反対の意味になる

없다「ない、いない」を使って、

없습니다 あるいは 없어요「ありません、いません」とします。

ものや人の存在を表すときは、**있다「ある、いる」**を使い、反対に存在しないことを表すときは、**없다「ない、いない」**を使います。これらは**存在詞**と呼ばれます。

있다と없다 ▶ 있다と없다は、一緒に覚えましょう。

あ る 、 い る		な い 、 い な い
있다	↔	**없다**

> 反対語はペアで
> 覚えると忘れないよ

있다や없다をハムニダ体にするには語幹있や없のあとに**−습니다**を、ヘヨ体にするには**−어요**をつけます。

● 있다と없다の丁寧な文末表現

原形	ハムニダ体 −ㅂ니다/습니다	ヘヨ体 −아요/어요	意味
있다 ある、いる	**있습니다**	**있어요**	あります、います
없다 ない、いない	**없습니다**	**없어요**	ありません、いません

6

いろいろな否定形

105

● 例文を見てみましょう

明日、時間がありますか？

<ruby>내일<rt>ネイル</rt></ruby> <ruby>시간이<rt>シガニ</rt></ruby> <ruby>있습니까<rt>イッスムニッカ</rt></ruby>?

明日　時間が　ありますか？

🏷 <ruby>있다<rt>イッタ</rt></ruby> ⏚ ある、いる

いいえ、ありません。アルバイトがあります。

<ruby>아뇨<rt>アニョ</rt></ruby>, <ruby>없어요<rt>オブソヨ</rt></ruby>. <ruby>아르바이트가<rt>アルバイトゥガ</rt></ruby> <ruby>있어요<rt>イッソヨ</rt></ruby>.

いいえ　ありません　アルバイトが　あります

🏷 <ruby>없다<rt>オブタ</rt></ruby> ⏚ ない、いない

있다や없다が入った表現

있다と없다を使った次のような表現も覚えておくと便利です。なお、これらの意味は形容詞ですが、存在詞として活用します。

原形	ハムニダ体 -ㅂ니다/습니다	ヘヨ体 -아요/어요	意味
<ruby>재미있다<rt>チェミイッタ</rt></ruby> 面白い	<ruby>재미있습니다<rt>チェミイッスムニダ</rt></ruby>	<ruby>재미있어요<rt>チェミイッソヨ</rt></ruby>	面白いです
<ruby>재미없다<rt>チェミオブタ</rt></ruby> 面白くない	<ruby>재미없습니다<rt>チェミオブスムニダ</rt></ruby>	<ruby>재미없어요<rt>チェミオブソヨ</rt></ruby>	面白くありません
<ruby>맛있다<rt>マシッタ</rt></ruby> おいしい	<ruby>맛있습니다<rt>マシッスムニダ</rt></ruby>	<ruby>맛있어요<rt>マシッソヨ</rt></ruby>	おいしいです
<ruby>맛없다<rt>マドブタ</rt></ruby> おいしくない、まずい	<ruby>맛없습니다<rt>マドブスムニダ</rt></ruby>	<ruby>맛없어요<rt>マドブソヨ</rt></ruby>	おいしくありません

맛の人パッチムが [t] → [d] と変化

動詞や形容詞の否定形は
どのように言いますか？

A 動詞や形容詞の「〜しない、〜くない」という否定形は、
-지 않다や안を使ってつくります。

否定を表す -지 않다

　動詞や形容詞の否定は、語幹に-**지 않다「〜しない、〜くない」**をつけて
つくります。母音語幹、子音語幹（ㄹ語幹を含む）すべての語幹にそのままつく、
活用1 の形です。

～しない、～くない	の基本パターン

$$語幹 \ + -지\ 않다$$

　-**지 않다**の**다**を取った形に-**습니다**をつけるとハムニダ体に、-**아요**をつけ
るとヘヨ体になります。

● -지 않다の丁寧な文末表現

語幹の種類	ハムニダ体 -ㅂ니다/습니다	ヘヨ体 -아요/어요	意味
すべての語幹	-지 않습니다	-지 않아요	～しません ～くありません ～ではありません

　次ページの会話形式の例文で、否定形の答え方も一緒に確認しましょう。

● 例文を見てみましょう

弟は背が高いですか？

남동생은 키가 큽니까?
<small>ナムドンセンウン</small> <small>キガ</small> <small>クムニッカ</small>

弟は　　背が　　高いですか？

크다 ㊛ (背が) 高い
<small>クダ</small>

いいえ、背が高くありません。

아뇨, 키가 크지 않습니다.
<small>アニョ</small> <small>キガ</small> <small>クジ</small> <small>アンスムニダ</small>

いいえ　　背が　　高くありません

크＋지 않습니다 (ハムニダ体)

東京に住んでいますか？

도쿄에 삽니까?
<small>トキョエ</small> <small>サムニッカ</small>

東京に　　住んでいますか？

사＋ㅂ니까? (ハムニダ体)

살다 ㊑ 住む、暮らす
<small>サルダ</small>

語幹살からㄹパッチムが
取れるよ

いいえ、東京に住んでいません。

아뇨, 도쿄에 살지 않아요.
<small>アニョ</small> <small>トキョエ</small> <small>サルジ</small> <small>アナヨ</small>

いいえ　　東京に　　住んでいません

살＋지 않아요 (ヘヨ体)

語幹にㄹパッチムが
ついたまま語尾がつくよ

韓国語は難しくありませんか？

한국어는 어렵지 않아요?
<small>ハングゴヌン</small> <small>オリョプチ</small> <small>アナヨ</small>

韓国語は　　難しくありませんか？

어렵＋지 않아요?(ヘヨ体)

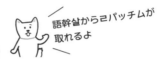
어렵다 ㊛ 難しい
<small>オリョプタ</small>

はい、難しくありません。

네, 어렵지 않아요.
<small>ネ</small> <small>オリョプチ</small> <small>アナヨ</small>

いいえ　　難しくありません

어렵＋지 않아요 (ヘヨ体)

否定を表す 안(アン)

　안「~しない、~くない」を動詞、形容詞の前に置くと、否定の意味を表す文をつくることができます。안は、おもに会話でよく使われます。

　안と次に続く用言は、切らずに一気に発音しましょう。

~しない、~くない　の基本パターン

안(アン) ＋　動詞・形容詞

● 例文を見てみましょう

バスに乗りますか？

타다(タダ) ●乗る

버스를(ボスルル) 타요(タヨ)?
　バスに　　乗りますか？

いいえ、乗りません。自転車で行きます。

아뇨(アニョ), 안(アン) 타요(タヨ). 자전거로(チャジョンゴロ) 가요(カヨ).
いいえ　乗りません　　　自転車で　　　行きます

....

料理がお口に合いませんか？

맞다(マッタ) ●合う

음식이(ウムシギ) 입에(イベ) 안(アン) 맞아요(マジャヨ)?
食べ物が　　口に　　合いませんか？

いいえ、（口に）合っています。本当においしいです。

아뇨(アニョ), 맞아요(マジャヨ). 진짜(チンッチャ) 맛있어요(マシッソヨ).
いいえ　合っています　本当に　　おいしいです

ハダ用言の安(アン)の位置

　名詞＋하다(ハダ)「する」という形のハダ用言を**安**を使って否定文にする場合、いくつかの注意点があります。

　まず、**安**は、**名詞 安 하다**のように名詞と**하다**の間に置きます。たとえば、**운동하다(ウンドンハダ)「運動する」**は、「運動（名詞）」＋**하다**の形なので、否定文にすると**운동 (運動) 安 하다**となります。

運動しません。

운동 안 합니다.
ウンドン　　アナムニダ
運動　　～しない　　します

공부하다(コンブハダ)「勉強する」、
운전하다(ウンジョナダ)「運転する」なども
同じように否定形が
つくれるよ

　ただし、動詞であっても**좋아하다(チョアハダ)「好きだ」**のように、名詞＋**하다**の形ではないものは、**安**を間を入れず、**좋아하다**の前に置いて否定形にします。

好きではありません。

안 좋아해요.
アン　　ジョアヘヨ
～くない　　好きです

　名詞＋**하다**の形であっても**필요하다(ピリョハダ)「必要だ」**のような形容詞は、**安**を**필요하다**の前に置いて否定形にします。

必要ではありません。

안 필요해요.
アン　　ピリョヘヨ
～くない　　必要です

形容詞を否定するとき、
安は形容詞の前にくるよ

「～できない」と言いたいときは、どのように文をつくりますか？

A 「～できない」という不可能を表す場合は、－지 못하다^{チ モタダ}や

못^{モッ}を用いて文をつくります。

6

い
ろ
い
ろ
な
否
定
形

不可能を表す－지 못하다

　動詞と存在詞있다^{イッタ}「いる」の不可能を表す表現は、語幹に－지 못하다「～できない」をつけてつくります。母音語幹、子音語幹（ㄹ語幹を含む）すべての語幹にそのままつく、活用1 の形です。

~できない　の基本パターン

語幹　＋－지 못하다^{チ モタダ}

> 못하다の発音は、
> [모타다]と激音化
> するよ！

　ハムニダ体にするには、－지 못하다の다を取った形に－ㅂ니다^{ムニダ}をつけます。ヘヨ体にするには못하다を못해요^{モテヨ}にします。

●－지 못하다の丁寧な文末表現

語幹の種類	ハムニダ体 －ㅂ니다／습니다	ヘヨ体 －아요／어요	意味
すべての語幹	－지 못합니다^{チ モタムニダ}	－지 못해요^{チ モテヨ}	～できません

111

● 例文を見てみましょう

韓国によく行きますか？

 ^{カダ}가다 ⑩行く

한국에 자주 갑니까?
^{ハングゲ} ^{チャジュ} ^{カムニッカ}

韓国に　　　頻繁に　　　行きますか？

いいえ、しょっちゅうは行けません。

아뇨, 자주는 가지 못합니다.
^{アニョ} ^{チャジュヌン} ^{カジ} ^{モタムニダ}

いいえ　　　頻繁には　　　行けません

가 + 지 못합니다（ハムニダ体）

못합니다の発音は
激音化と鼻音化して
［모탐니다］となるよ

遊園地で一緒に遊びましょう。

 ^{ノルダ}놀다 ⑩遊ぶ

놀이공원에서 같이 놀아요.
^{ノリゴンウォネソ} ^{カチ} ^{ノラヨ}

遊園地で　　　　　一緒に　　遊びましょう

今日は遊べません。仕事が山のようにあります。

오늘은 놀지 못해요. 일이 산더미 같아요.
^{オヌルン} ^{ノルジ} ^{モテヨ} ^{イリ} ^{サントミガタヨ}

今日は　　　遊べません　　　仕事が　　　山のようです

놀 + 지 못해요 （ヘヨ体）

韓国語は上手ですか？

 ^{チャラダ}잘하다 ⑩上手だ、得意だ

한국말 잘해요?
^{ハングンマル} ^{チャレヨ}

韓国語（は）　上手ですか？

いいえ、上手ではありません。

아뇨, 잘하지 못해요.
^{アニョ} ^{チャラジ} ^{モテヨ}

いいえ　　　うまくできません

잘하 + 지 못해요 （ヘヨ体）

上手ではありません。
잘하지 못해요.
^{チャラジ} ^{モテヨ}

不可能を表す못

못「〜できない」を動詞や存在詞있다「いる」の前に置くと、不可能の意味を表す文をつくることができます。못は、おもに会話で使われます。

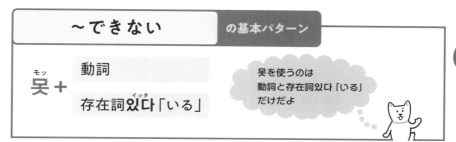

～できない の基本パターン

못 ＋ 動詞 / 存在詞있다「いる」

못を使うのは動詞と存在詞있다「いる」だけだよ

6

いろいろな否定形

● 例文を見てみましょう

韓国へ旅行に行きますか？

🔖 가다 動 行く

ハングゲ	ヨヘン	ガヨ
한국에	여행	가요?
韓国に	旅行（に）	行きますか？

いいえ、行けません。今年は休暇がありません。

アニョ	モッ	カヨ	オレヌン	ヒュガガ	オプソヨ
아뇨,	못	가요.	올해는	휴가가	없어요.
いいえ	行けません		今年は	休暇が	ありません

・・

この食堂は、もう閉店時間ではないですか？

🔖 있다 有 ある、いる

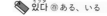

イ	シクタンウン	イジェ	ペジョム	シガニ	アニエヨ
이	식당은	이제	폐점	시간이	아니에요?
この	食堂は	もう	閉店	時間では	ないですか？

そうですね。30分しかいられません。

マジャヨ	サムシップンバッケ	モディッソヨ
맞아요.	30분밖에	못 있어요.
そうです	30分しか	いられません

못 있어요は
못の人パッチムが
[t] → [d] と変化し
[모디써요] と
発音するよ

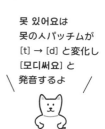

動詞のハダ用言の吴の位置

　名詞＋**하다**「する」の場合は、**안**を使った否定文をつくるときと同じように、**吴**を**하다**「する」の直前に置きます。

　たとえば、**공부하다**「勉強する」の不可能の形は、**공부 吴 하다**「勉強できない」となります。

勉強できません。

공부 吴 해요.
勉強　〜できない　します

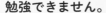

吴と해요の間は
分かち書きしてね

● 例文を見てみましょう

今日の午後は電話ができません。

チョヌァハダ
전화하다 **働** 電話する

오늘 오후에는 전화 吴 합니다.
今日の　　午後には　　電話（が）　　できません
オヌル　オフエヌン　チョヌァ　モタムニダ

なぜですか？　忙しいですか？

왜요? 바쁩니까?
なぜですか？　忙しいですか？
ウェヨ　バップムニッカ

吴 합니다は吴の
ㅅパッチムが
[t] → [tʰ] と激音化して、
[모탐니다] と発音するよ

私に秘密にしていることがありますか？

マラダ
말하다 **働** 言う、話す

저한테 비밀 있어요?
私に　　秘密（が）　ありますか？
チョハンテ　ピミル　イッソヨ

そうですね…言えません。

글쎄요… 말 吴 해요.
そうですね　　　言えません
クルッセヨ　　　マル　モテヨ

Q 30

否定で使う 안(アン) と 못(モッ) の違いは何ですか？

A 안は「～する気持ちがない」、

못は「気持ちがあってもできない」というニュアンスになります。

6

いろいろな否定形

　たとえば、友人から飲み会の誘いなどで、次のように聞かれた場面を考えてみましょう。

一緒にお酒を飲みましょう。

같이(カチ) 술을(スルル) 마셔요(マショヨ).

一緒に　お酒を　飲みましょう

　断るときに、**안と못**のどちらを使うかによって、伝わるニュアンスが違ってきます。

▌ **안を使う** ▶　自分の意思で「お酒は飲まない」という意味になります。

いいえ、飲みません。

아뇨(アニョ), 안(アン) 마셔요(マショヨ).

▌ **못を使う** ▶　体質的に飲めないなど、何らかの事情があって「お酒を飲むことができない」という意味になります。

いいえ、飲めません。

아뇨(アニョ), 못(モンマショヨ) 마셔요.

115

안より 못を使ったほうが「何らかの事情があって応じられない」「能力がなくてできない」というニュアンスが出ます。また、**죄송합니다**「申し訳ありません」や**미안해요**「ごめんなさい」などを添えると、申し訳ない気持ちや残念な気持ちが伝わります。

● 例文を見てみましょう

お酒はしょっちゅう飲みますか？

📕 마시다 働 飲む

술을 자주 마셔요?
お酒を　しょっちゅう　飲みますか？

いいえ、お酒はもともと飲めません。

아뇨, 술은 원래 못 마셔요.
いいえ　お酒は　もともと　飲めません

못 마셔요は못の人パッチムが [t] → [n] と鼻音化して、[몬마셔요]と発音

ホラー映画を見ますか？

📕 보다 働 見る

공포 영화 봐요?
ホラー　映画(を)　見ますか？

いいえ、見ません。ホラー映画は嫌いです。

아뇨, 안 봐요. 공포 영화는 싫어요.
いいえ　見ません　ホラー　映画は　嫌いです

（私たち）一緒に泳ぎましょう。

📕 수영하다 働 水泳する、泳ぐ

우리 같이 수영해요.
私たち　一緒に　水泳しましょう

ごめんなさい。私は泳げないんです。

미안해요. 저는 수영 못 해요.
ごめんなさい　私は　水泳　できません

못 해요は못の人パッチムが [t] → [tʰ] と激音化して [모태요]と発音するよ

第 7 章

過去形にまつわる
ギモン

実際の日常会話のなかで、過去形はとてもよく使われます。
しっかり確認して、表現の幅を広げましょう。

Q31

過去に起こったことを伝えるには

どうしたらよいですか？

過去を表す-았/었-を語幹につければ過去形になります。

動詞、形容詞、存在詞の過去形

　過去に起こったことを表すには、用言の語幹末に **-았-** や **-었-** をつけて過去形をつくります。語幹末の母音が陽母音なら **-았-** を、陰母音なら **-었-** をつける 活用3 の形です。名詞のあとにつく指定詞については、P.124で扱います。

～だった、～した	の基本パターン
陽母音（ト、ㅗ）語幹 ＋ **-았-**（アッ）	
陰母音（ト、ㅗ以外）語幹 ＋ **-었-**（オッ）	

　「～でした、～ました」と丁寧な文末表現をつくる場合、ハムニダ体は **-았-** や **-었-** のあとに **-습니다**（スムニダ）をつけます。ヘヨ体にするには **-았-** や **-었-** のあとにも **-어요**（オヨ）をつけます。**-았-** のあとに **-아요**（アヨ）はつきません。

● 過去形の丁寧な文末表現

語幹末の母音	ハムニダ体 -ㅂ니다/습니다	ヘヨ体 -아요/어요	意味
陽母音（ト、ㅗ）語幹	-았습니다（アッスムニダ）	-았어요（アッソヨ）	～でした ～ました
陰母音（ト、ㅗ以外）語幹	-었습니다（オッスムニダ）	-었어요（オッソヨ）	

● 語尾のつき方

陽母音語幹

多かったです

🏷 많다 ⟨形⟩ 多い

많다 + -았습니다 → 많았습니다

多い　　　　　～でした　　　　　　多かったです

았 + 습니다 (ハムニダ体)

많の ㅎ パッチムが
無音化するよ

受け取りました

🏷 받다 ⟨動⟩ 受け取る

받다 + -았어요 → 받았어요

受け取り　　　～ました　　　　受け取りました

았 + 어요 (ヘヨ体)

았 + 아요には
ならないので注意！

陰母音語幹

読みました

🏷 읽다 ⟨動⟩ 読む

읽다 + -었습니다 → 읽었습니다

読み　　　　　～ました　　　　　読みました

었 + 습니다 (ハムニダ体)

少なかったです

🏷 적다 ⟨形⟩ 少ない

적다 + -었어요 → 적었어요

少ない　　　　でした　　　　少なかったです

었 + 어요 (ヘヨ体)

● 例文を見てみましょう

デパートはもう閉店しましたか？

📝 닫다 働 閉める
  タッタ

백화점 벌써 문 닫았습니까?
ペクァジョム   ポルッソ   ムン   タダッスムニッカ

デパート（は）　　もう　　閉店しましたか（門を閉めましたか）？

닫 + 았습니까？（ハムニダ体）

景色がたいへん良かったです。

📝 좋다 圏 良い
  チョタ

경치가 아주 좋았어요.
キョンチガ   アジュ   チョアッソヨ

景色が　　たいへん　　良かったです
                          ↑
                    좋 + 았어요（ヘヨ体）

陽母音語幹에 았のついた
語尾がつくよ

昨日は時間がありませんでした。

📝 없다 爾 ない、いない
  オプタ

어제는 시간이 없었습니다.
オジェヌン   シガニ   オプソッスムニダ

昨日は　　時間が　　ありませんでした

없 + 었습니다（ハムニダ体）

写真をたくさん撮れませんでした。

📝 찍다 働 撮る
  チクタ

사진 많이 못 찍었어요.
サジン   マニ   モッチゴッソヨ

写真（を）　　たくさん　　撮れませんでした

찍 + 었어요（ヘヨ体）

陰母音語幹에 었のついた
語尾が続くよ

120

過去形の**母音縮約**

　語幹末が母音で終わる用言の過去形では、ほとんどの場合、**-았-**や**-었-**の母音が語幹末の母音に取り込まれるか合体して、母音縮約が起こります（→P.96）。

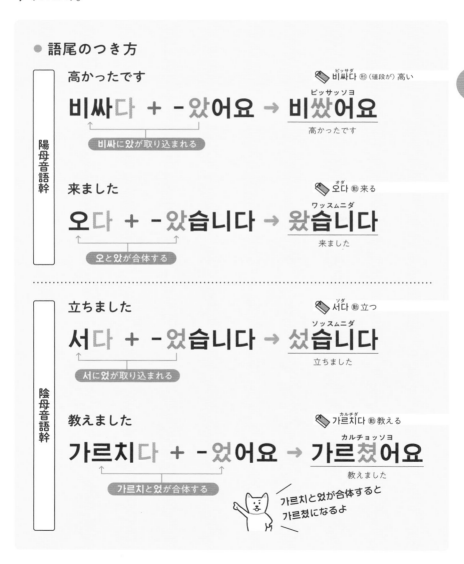

● **語尾のつき方**

陽母音語幹

高かったです

🔖 ピッサダ 비싸다 形 （値段が）高い

비싸다 ＋ -았어요 → **비쌌어요**
　　　　　　　　　　　　ピッサッソヨ
　　　　　　　　　　　　高かったです

[비싸に았が取り込まれる]

来ました

🔖 オダ 오다 動 来る

오다 ＋ -았습니다 → **왔습니다**
　　　　　　　　　　　　ワッスムニダ
　　　　　　　　　　　　来ました

[오と았が合体する]

陰母音語幹

立ちました

🔖 ソダ 서다 動 立つ

서다 ＋ -었습니다 → **섰습니다**
　　　　　　　　　　　　ソッスムニダ
　　　　　　　　　　　　立ちました

[서に었が取り込まれる]

教えました

🔖 カルチダ 가르치다 動 教える

가르치다 ＋ -었어요 → **가르쳤어요**
　　　　　　　　　　　　　カルチョッソヨ
　　　　　　　　　　　　　教えました

[가르치と었が合体する]

가르치と었が合体すると
가르쳤になるよ

121

● 例文を見てみましょう

陽母音語幹

韓国では交通費が安かったです。

📝 ^{ッサダ}싸다 ㉝ 安い

^{ハングゲソヌン} ^{キョトンビガ} ^{ッサッスムニダ}
한국에서는 **교통비가** **쌌습니다.**

韓国では　　　　　交通費が　　　　　安かったです

싸 + 았습니다 (ハムニダ体)

語幹싸에 았が
取り込まれて
쌌となるよ

昨日は演劇を見ました。

📝 ^{ボダ}보다 ㊌ 見る

^{オジェヌン} ^{ヨンググル} ^{ポァッソヨ}
어제는 **연극을** **봤어요.**

昨日は　　　　演劇を　　　　見ました

보 + 았어요 (ヘヨ体)

보と았が合体して
봤となるよ

陰母音語幹

荷物は送りましたか？

📝 ^{ボネダ}보내다 ㊌ 送る

^{チムン} ^{ボネッスムニッカ}
짐은 **보냈습니까?**

荷物は　　　送りましたか？

보내 + 었습니까? (ハムニダ体)

語幹보내에 었が取り込まれて
보냈となるよ

世界的なサッカー選手なりました。

📝 ^{トェダ}되다 ㊌ なる

^{セゲジョギン} ^{チュック} ^{ソンスガ} ^{ドェッソヨ}
세계적인 **축구** **선수가** **됐어요.**

世界的な　　サッカー　　選手に　　なりました

되 + 었어요 (ヘヨ体)

되と었が合体して
됐となるよ

ハダ用言の過去形

　原形が**하다**（ハダ）で終わるハダ用言は、[活用3]の場合、不規則な活用をします（→P.98）。過去形をつくる場合も同様に不規則な活用をして、**하였**（ハヨッ）−または**했**（ヘッ）−「～だった、～した」という形になります。ほとんどの場合**했**−を用いますが、書き言葉では**하였**−を用いることがあります。

하다 ＋ 였− → 하였（ハヨッ）−または했（ヘッ）−

[活用3]のみ不規則活用するよ

　ハムニダ体にするには**-습니다**（スムニダ）をつけ、ヘヨ体にするには**-어요**（オヨ）をつけます。

● ハダ用言の過去形の丁寧な文末表現

ハムニダ体 -ㅂ니다/습니다	ヘヨ体 -아요/어요	意味
～**했습니다**（ヘッスムニダ）	～**했어요**（ヘッソヨ）	～しました、～でした

● 例文を見てみましょう

1日中仕事をしました。

📝 **일하다**（イラダ）動 仕事をする

하루 **종일** **일했습니다**.
ハル　　ジョンイル　　イレッスムニダ
1日中　　　　　仕事をしました

その方は本当に親切でした。

📝 **친절하다**（チンジョラダ）形 親切だ

그분은 **정말** **친절했어요**.
クブヌン　　チョンマル　　チンジョレッソヨ
その方は　　本当に　　　親切でした

Q32

「会社員でした」の「～でした」という
過去形はどうつくったらよいですか？

A 名詞のあとに<ruby>었<rt>ヨッ</rt></ruby>-または<ruby>이었<rt>イオッ</rt></ruby>-をつけてつくります。

「会社員でした」のヘヨ体は<ruby>회사원이었어요<rt>フェサウォニオッソヨ</rt></ruby>となります。

指定詞の過去形のつくり方

指定詞<ruby>이다<rt>イダ</rt></ruby>「～である」の過去形は、母音で終わる名詞のあとに<ruby>었<rt>ヨッ</rt></ruby>-を、子音（パッチム）で終わる名詞のあとに<ruby>이었<rt>イオッ</rt></ruby>-をつけてつくります。

～だった	の基本パターン
母音で終わる名詞	+ <ruby>었<rt>ヨッ</rt></ruby> -
子音（パッチム）で終わる名詞	+ <ruby>이었<rt>イオッ</rt></ruby> -

ハムニダ体にするには-<ruby>습니다<rt>スムニダ</rt></ruby>を、ヘヨ体にするには-<ruby>어요<rt>オヨ</rt></ruby>をつけます。

● 이다の過去形の丁寧な文末表現

名詞	ハムニダ体 -ㅂ니다/습니다	ヘヨ体 -아요/어요	意味
母音で終わる名詞	<ruby>～였습니다<rt>ヨッスムニダ</rt></ruby>	<ruby>～였어요<rt>ヨッソヨ</rt></ruby>	～でした
子音（パッチム）で終わる名詞	<ruby>～이었습니다<rt>イオッスムニダ</rt></ruby>	<ruby>～이었어요<rt>イオッソヨ</rt></ruby>	

また、指定詞아니다「〜でない」の過去形をつくるには、語幹아니に過去を表す-었-をつけて아니었-とします。助詞の가/이とともに用います。

7

~ ではなかった の基本パターン

| 母音で終わる名詞 | + 가 아니었- |
| 子音(パッチム)で終わる名詞 | + 이 아니었- |

ハムニダ体にするには-ㅂ니다を、ヘヨ体にするには-어요をつけます。

● 아니다の過去形の丁寧な文末表現

名詞	ハムニダ体 -ㅂ니다/습니다	ヘヨ体 -아요/어요	意味
母音で終わる名詞	~가 아니었습니다	~가 아니었어요	~ではありま
子音(パッチム)で終わる名詞	~이 아니었습니다	~이 아니었어요	せんでした

たとえば、母音で終わる名詞배우「俳優」には助詞가、子音（パッチム）で終わる名詞휴일「休日」には助詞이とともに、この過去形の表現が続きます。

母音で終わる名詞
俳優ではありませんでした。
배우가 아니었습니다.
俳優では　　　ありませんでした
母音で終わる名詞＋가 아니＋었＋습니다 (ハムニダ体)

子音で終わる名詞
休日ではありませんでした。
휴일이 아니었어요.
休日では　　　ありませんでした
子音で終わる名詞＋이 아니＋었＋어요 (ヘヨ体)

● 例文を見てみましょう

母音で終わる名詞

山田さんが、あの時のあの子どもだったんですか？

📝 **이다** 働 〜である
イダ

야마다 씨가 그때 그 아이였어요?
ヤマダ　ッシガ　クッテ　ク　アイヨッソヨ

야마다（山田）　씨가（さんが）　그때（あの時（の））　그（あの）　아이였어요?（子どもだったんですか?）

> 母音で終わる名詞 + 였어요?（ヘヨ体）

いいえ、あの子どもは山田さんではありませんでした。

📝 **아니다** 働 〜でない
アニダ

아뇨, 그 아이는 야마다 씨가 아니었어요.
アニョ　ク　アイヌン　ヤマダ　ッシガ　アニオッソヨ

아뇨（いいえ）　그（あの）　아이는（子どもは）　야마다（山田）　씨가（さんでは）　아니었어요（ありませんでした）

> 母音で終わる名詞 + 가 아니었어요（ヘヨ体）

子音で終わる名詞

あの方が社長さんだったんですか？

📝 **이다** 働 〜である
イダ

그분이 사장님이었습니까?
クブニ　サジャンニミオッスムニッカ

그분이（あの方が）　사장님이었습니까?（社長さんだったんですか?）

> 子音で終わる名詞 + 이었습니까?（ハムニダ体）

いいえ、社長ではありませんでした。

📝 **아니다** 働 〜でない
アニダ

아니요, 사장님이 아니었습니다.
アニョ　サジャンニミ　アニオッスムニダ

아니요（いいえ）　사장님이（社長さんでは）　아니었습니다（ありませんでした）

> 子音で終わる名詞 + 이 아니었습니다（ハムニダ体）

126

第  章

尊敬表現の基本

年長者を敬う韓国では、日本語とは違う敬語の用い方があります。
敬語の使い方の基本を学び、両者の違いにも目を向けてみましょう。

Q33

韓国には**年長者を敬う**文化があると聞きましたが、**言葉使い**にも違いがありますか?

A 日本語の「~です、~ます」にあたる丁寧な文末表現とは
別の尊敬表現があり、年長者などに対して使います。

韓国語の**敬語表現**

　韓国語には、年長者など、相手を敬う気持ちを表す尊敬表現があります。へりくだった謙譲表現もありますが、それほど多くはありません。なお、韓国語では身内についても尊敬表現を使うことがあります（→P.16）。

　尊敬表現には、用言に「お~になる」といった尊敬を表す**-시-**（シ）や**-으시-**（ウシ）をつけてつくる方法と、**드시다**（トゥシダ）「召し上がる」のようにもともと尊敬の意味をもつ用言を用いる方法があります。また、名詞や助詞の敬語表現もあります。

尊敬を表す **-시/으시-**

　用言の尊敬形は、語幹に**-시-**または**-으시-**をつけてつくる 活用2 の形をとり、母音語幹には**-시-**が、子音語幹には**-으시-**がつきます。ただし、ㄹ語幹の場合には、ㄹパッチムが脱落して**-시-**がつきます。

　日本語に訳すときは、「お~になる、お~だ、~でいらっしゃる」など、状況に応じて訳し分けるとよいでしょう。

お〜になる　　の基本パターン

母音語幹

己語幹（己脱落）

＋ -시（シ）-

子音語幹（己語幹以外）　＋ -으시（ウシ）-

　動詞、形容詞、存在詞、指定詞、すべての用言につきます。存在詞「いらっしゃる」のように、別の単語を使うこともあります（→P.136）。

　-시/으시-に-ㅂ니다をつけると、「お〜になります」というシンプルな尊敬のハムニダ体になります。ヘヨ体は形が変化し、-세요（セヨ）/으세요（ウセヨ）となります。

　文末に「?」マークをつけると、疑問文になります。

● -시/으시-を使った丁寧な文末表現

語幹末の母音	ハムニダ体	ヘヨ体	意味
母音語幹	-십니다（シムニダ）	-세요（セヨ）	お〜になります
己語幹（己脱落）			
子音語幹（己語幹以外）	-으십니다（ウシムニダ）	-으세요（ウセヨ）	

-셔요（ショヨ）/으셔요（ウショヨ）について

　-시/으시-のヘヨ体には、-세요/으세요以外に-셔요/으셔요という形もあります。これは、-시/으시-にヘヨ体をつくる-어요がつき、母音縮約されて-셔요/으셔요となったものです。おもに女性が使う古風な表現で、時代劇などでよく耳にします。

● 語尾のつき方

母音語幹

おきれいです

예쁘**다** + -**십니다** → 예쁘**십니다**
きれい　　お〜です　　おきれいです

イェップダ
예쁘다 ⑱ きれいだ

シムニダ

イェップシムニダ

시 + ㅂ니다（ハムニダ体）

예쁘**다** + -**세요** → 예쁘**세요**
きれい　　お〜です　　おきれいです

セヨ

イェップセヨ

ヘヨ体

子音語幹（ㄹ語幹以外）

お座りになっています

앉**다** + -**으십니다** → 앉**으십니다**
座り　　お〜になります　　お座りになっています

アンタ
앉다 ⑲ 座る

アンジュシムニダ

으시 + ㅂ니다（ハムニダ体の語尾）

앉**다** + -**으세요** → 앉**으세요**
座り　　お〜になります　　お座りになっています

アンジュセヨ

ヘヨ体

ㄹ語幹（ㄹ脱落）

ご存じです

알**다** + -**십니다** → 아**십니다**
知り　　お〜になります　　ご存じです

アルダ
알다 ⑳ 知る、わかる

アシムニダ

시 + ㅂ니다（ハムニダ体）

알**다** + -**세요** → 아**세요**
知り　　お〜になります　　ご存じです

アセヨ

ヘヨ体

語幹알から
ㄹパッチムが
取れるよ

● 例文を見てみましょう

母音語幹

こんにちは。

안녕하**십니까**?
_{アンニョンハシムニッカ}

お元気ですか？

하＋십니까？（ハムニダ体）

🔖 **안녕하다** 形 元気だ、つつがない
_{アンニョンハダ}

はい、こんにちは。

네, 안녕하**세요**?
_ネ　_{アンニョンハセヨ}

はい　　お元気ですか？

하＋세요？（ヘヨ体）

子音語幹（ㄹ語幹以外）

声が実に良くていらっしゃいます。

목소리가 **참** **좋으세요**.
_{モクソリガ}　_{チャム}　_{チョウセヨ}

声が　　実に　　良くていらっしゃいます

좋＋으세요（ヘヨ体）

🔖 **좋다** 形 良い
_{チョタ}

ミュージカルに関心がおありですか？

뮤지컬에 **관심이** **있으세요**?
_{ミュジコレ}　_{クァンシミ}　_{イッスセヨ}

ミュージカルに　　関心が　　おありですか？

있＋으세요？（ヘヨ体）

🔖 **있다** 存 ある、いる
_{イッタ}

ㄹ語幹（ㄹ脱落）

どちらにお住まいですか？

어디 **사세요**?
_{オディ}　_{サセヨ}

どこに　　住んでいらっしゃいますか？

사＋세요？（ヘヨ体）

🔖 **살다** 動 住む
_{サルダ}

語幹살からㄹパッチムが取れるよ

Q34

「先生でいらっしゃいます」は、なぜ
선생님으십니다ではない のですか？
ソンセンニムシムニダ

A -으십니다は、動詞、形容詞、存在詞の子音語幹につく尊敬の
ウシムニダ
表現です。「先生」は名詞なので、**이십니다**を使います。
イシムニダ

指定詞の尊敬形

「先生ですか？」を「先生でいらっしゃいますか？」と尊敬表現にしたい場合、名詞である「先生」には、指定詞**이다**の語幹**이**に尊敬の**-시-**をつけます
イダ イ シ
(➡ P.128)。

先生でいらっしゃいます。
선생님이십니다.
ソンセンニミシムニダ
先生　　　でいらっしゃいます

> 이십니다は、이다に
> 尊敬の시がついた
> ハムニダ体だよ

이다の否定形**아니다**「～ではない」にも尊敬の**-시-**がつきます。
イダ アニダ シ

● 指定詞の丁寧な文末表現

	ハムニダ体	ヘヨ体	意味
이다の 尊敬形 イダ	～이십니다 イシムニダ (～십니다)※ シムニダ	～이세요 イセヨ (～세요)※ セヨ	～でいらっしゃい ます
아니다の 尊敬形 アニダ	～가/이 아니십니다 カ イ アニシムニダ	～가/이 아니세요 カ イ アニセヨ	～ではいらっしゃい ません (～ではあられません)

※話し言葉では、母音で終わる名詞のあとに**～이십니다**や**～이세요**がくると、**이**が省略されて**～십니다**や
～세요となることがよくあります。

● 例文を見てみましょう

あの方がお母さんでいらっしゃいますか？

저분이 어머니세요?
_{チョブニ}　　_{オモニセヨ}

<u>あの方が</u>　　　<u>お母さんでいらっしゃいますか？</u>

📖 _{イダ} 이다 働 〜である

母音で終わる名詞のあとでは**이 + 세요?（ヘヨ体）**の**이**が省略

いいえ、母ではありません。

아니요, 어머니가 아니세요.
_{アニヨ}　　_{オモニガ}　　_{アニセヨ}

<u>いいえ</u>　　　<u>お母さんでは</u>　　<u>いらっしゃいません</u>

아니 + 세요（ヘヨ体）

📖 _{アニダ} 아니다 働 〜でない

身内でも
尊敬表現にするよ

うちの会社の社長です。

우리 회사 사장님이세요.
_{ウリ}　_{フェサ}　_{サジャンニミセヨ}

<u>私たち（の）</u>　<u>会社（の）</u>　<u>社長様でいらっしゃいます</u>

이 + 세요（ヘヨ体）

📖 _{イダ} 이다 働 〜である

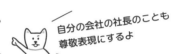

自分の会社の社長のことも
尊敬表現にするよ

名詞のあとにつく님について

부모님「ご両親」や**선생님**「先_{ソンセンニム}
生」の님は、人名や肩書、一部
の名詞のあとについて尊敬を表
します。訳すと「様」ですが、**선
생님**「先生」や**사장님**「社長」の_{サジャンニム}
님のように、日本語では「様」を
つけない語にもつきます。人名
や肩書にはそのままつきますが、
님が後ろについたときに形が変
わる名詞もあります。

名詞の形が変わる例

父 _{アボジ} **아버지**	→	お父様 _{アボニム} **아버님**
母 _{オモニ} **어머니**	→	お母様 _{オモニム} **어머님**
娘 _{ッタル} **딸**	→	お嬢さん _{ッタニム} **따님**
息子 _{アドゥル} **아들**	→	息子さん _{アドゥニム} **아드님**

Q35

尊敬表現で過去に起こったこと
を尋ねるには、どのように言ったらよいですか？

 A 語幹に-**셨/으셨**-をつけて尊敬の過去を表します。

 尊敬の過去形をつくる-셨/으셨-

尊敬の過去形は、-시^シ/으시^{ウシ}-に過去形を表す-었^{オッ}をつけた-**셨/으셨**-を語幹につけてつくります。 活用2 の形で、指定詞を含めすべての用言につきます。

お～になった、お～だった の基本パターン

母音語幹 ㄹ語幹（ㄹ脱落）	+ - **셨** - ^{ショッ}
子音語幹（ㄹ語幹以外）	+ - **으셨** - ^{ウショッ}

> 셨は、母音語幹と
> ㄹパッチムが取れた
> ㄹ語幹につくよ

● -셨/으셨-を使った丁寧な文末表現

語幹末の母音	ハムニダ体	ヘヨ体	意味
母音語幹	- **셨습니다** ^{ショッスムニダ}	- **셨어요** ^{ショッソヨ}	お～になりました お～でした
ㄹ語幹（ㄹ脱落）			
子音語幹（ㄹ語幹以外）	- **으셨습니다** ^{ウショッスムニダ}	- **으셨어요** ^{ウショッソヨ}	

● 例文を見てみましょう

8

尊敬表現の基本

母音語幹

１時に家を出られました。

📝 **나가다** 動 (外へ) 出る

한 시에 집을 나가셨습니다.
ハン　シエ　チブル　　ナガショッスムニダ

1　　時に　　家を　　　出られました

↑

| 나가＋셨습니다 (ハムニダ体) |

食事はすべておすみになりましたか？

📝 **끝나다** 動 終わる

식사는 다 끝나셨어요?
シクサヌン　タ　ックンナショッソヨ

食事は　　すべて　終わられましたか？

| 끝나＋셨어요? (ヘヨ体) |

子音語幹 (ㄹ語幹以外)

学校から連絡を受け取られましたか？

📝 **받다** 動 受け取る

학교에서 연락 받으셨어요?
ハッキョエソ　　ヨルラク　　パドゥショッソヨ

学校から　　　連絡 (を)　受け取られましたか？

| 받＋으셨어요? (ヘヨ体) |

この本を読み終わられましたか？

📝 **읽다** 動 読む

이 책 다 읽으셨습니까?
イ　チェク　タ　イルグショッスムニッカ

この　本 (を)　全部　　読まれましたか？

| 읽＋으셨습니까? (ハムニダ体) |

ㄹ語幹 (ㄹ脱落)

このお菓子はこの方がつくられました。

📝 **만들다** 動 つくる

이 과자는 이 분이 만드셨어요.
イ　クァジャヌン　イ　ブニ　マンドゥショッソヨ

この　お菓子は　　この　方が　つくられました

| 만드＋셨어요 (ヘヨ体) |

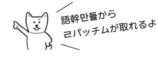
語幹만들から
ㄹパッチムが取れるよ

Q36

日本語の「食べる→召し上がる」のように、
言葉が変わる敬語はありますか？

A 「食べる→召し上がる」「いる→いらっしゃる」といった用言や
「名前→お名前」「人→方」などの名詞があります。

敬語の意味をもつ用言

　用言の中には、-시/으시-をつけて尊敬を表すものもあれば、먹다「食べ
る」に対する드시다「召し上がる」のように、別の単語を用いるものもありま
す。数は少ないものの、自分の行為をへりくだる謙譲語もあります。

● 用言の例

普通の表現		敬語表現	
먹다 （モクタ）	食べる	드시다、（トゥシダ） 잡수시다（チャプスシダ）	召し上がる
마시다 （マシダ）	飲む		
자다 （チャダ）	寝る	주무시다 （チュムシダ）	お眠りになる、お休みになる
있다 （イッタ）	いる	계시다 （ケシダ）	いらっしゃる
아프다 （アプダ）	具合が悪い	편찮으시다 （ピョンチャヌシダ）	お加減が悪い
죽다 （チュクタ）	死ぬ	돌아가시다 （トラガシダ）	お亡くなりになる
주다 （チュダ）	あげる	드리다 （トゥリダ）	さしあげる
보다 （ポダ）	会う	뵙다 （プェプタ）	お目にかかる
묻다 （ムッタ）	尋ねる	여쭙다 （ヨッチュプタ）	お尋ねする

この3つは
謙譲を表す

敬語の意味をもつ名詞や助詞

名詞や助詞にも敬語表現があります。これらを用いると、さらに敬意の度合いが上がります。

● 名詞の例

普通の表現		敬語表現	
マル **말**	言葉、話	マルッスム **말씀**	お言葉、お話
チプ **집**	家	テク **댁**	お宅
ナイ **나이**	年齢	ヨンセ **연세**	お年
センイル **생일**	誕生日	センシン **생신**	お誕生日
イルム **이름**	名前	ソンハム **성함**	お名前
サラム **사람**	人	ブン **분**	方
シクサ **식사**	食事	チンジ **진지**	お食事
プモ **부모**	両親	プモニム **부모님**	ご両親

● 助詞の例

普通の表現		敬語表現	
カ イ **가 / 이**	〜が	ッケソ **께서**	〜が
ト **도**	〜も	ッケソド **께서도**	〜におかれましても
ヌン ウン **는 / 은**	〜は	ッケソヌン **께서는**	〜は、〜におかれましては
エゲ **에게**	〜に	ッケ **께**	〜に

相手によって変わる言葉の使い分けの例を紹介します。敬語表現にも度合があるので、その違いを見てみましょう。

● 例文を見てみましょう

先輩、どこか具合がお悪いのですか？

ソンベ オディ アプセヨ
선배, 어디 아프세요?
先輩　　どこか　　具合がお悪いのですか？

🖋 アプダ 아프다 ⑱ 具合が悪い

> 아프다「具合が悪い」に尊敬の시がついた形

部長、どこかお加減が悪いのですか？

プジャンニム オディ ピョンチャヌセヨ
부장님, 어디 편찮으세요?
部長　　どこか　　お加減が悪いのですか？

🖋 ピョンチャンタ 편찮다 ⑱ 具合が良くない

> 편찮다に尊敬の으시がついた形

編찮다は아프다の
敬語だよ

- -

みんな、ご飯食べなさい。（母親が子どもに）

エドゥラ パム モゴ
얘들아, 밥 먹어.
子どもたち　　ご飯　　食べなさい

🖋 モクタ 먹다 ⑩ 食べる

> 먹다のパンマルの命令形（→P.99）

あなた、食事してください。（妻が夫に）

ヨボ シクサハセヨ
여보, 식사하세요.
あなた　　食事してください

🖋 シクサハダ 식사하다 ⑩ 食事する

> 식사하다の丁寧な命令形（→P.194）

おばあさん、お食事を召し上がってください。
（祖母に）

ハルモニ チンジ チャプスセヨ
할머니, 진지 잡수세요.
おばあさん　　お食事（を）　　召し上がってください

🖋 チャプスシダ 잡수시다 ⑩ 召し上がる

> 진지は식사「食事」の敬語
> 잡수시다は먹다「食べる」の敬語

例文の
上から下にいくにつれて、
だんだん敬語の度合いが
高くなるよ

敬語を使った決まり文句

初対面での挨拶や、旅先や電話のやり取りなどでよく使われる敬語を使った決まり文句があります。そのまま覚えてしまいましょう。

● 例文を見てみましょう

初めてお目にかかります。

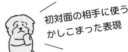
뵙다 ⑩ お目にかかる

처음 뵙겠습니다.

チョウム　　ブェプケッスムニダ

初めて　　お目にかかります

> 뵙다は보다「会う」の敬語

初対面の相手に使う
かしこまった表現

8
尊敬表現の基本

お休みなさい。

주무시다 ⑩ お休みになる

안녕히 주무세요.

アンニョンイ　　チュムセヨ

やすらかに　　お休みなさい

> 주무시다は자다「寝る」の敬語

주무시세요には
ならないので注意！

よくお休みになられましたか？

잘 주무셨어요?

チャル　チュムショッソヨ

よく　　お休みになれましたか？

もしもし、朴先生はいらっしゃいますか？（電話で）
계시다 ⑩ いらっしゃる

여보세요, 박 선생님 계세요?

ヨボセヨ　　　パク　ソンセンニム　　ケセヨ

もしもし　　　朴　　先生（は）　　いらっしゃいますか？

> 계시다は있다「いる」の敬語

いいえ、今おりません。（電話を受けて）

아뇨, 지금 안 계세요.

アニョ　　チグム　アン　ゲセヨ

いいえ　　今　　いらっしゃいません

身内でも目上だったら
敬語表現を忘れずに

遠回しに尋ねることで敬意を表す

　　　単語や語尾表現だけでなく、言い回しで敬意を表す方法もあります。日常でよく使われる表現なので、覚えておくと便利ですよ。

　　目上の人や初対面の人に質問する場合、疑問詞**어떻게**「どのように」を使い、言い回し自体を婉曲にして尊敬の意味を表します。
　　次の**가/이 어떻게 되세요?**は、直訳すると「〜がどのようにおなりですか？」という意味の非常に丁寧な尋ね方です。

お名前は何とおっしゃいますか？

ソンハミ **성함이** お名前が	オットケ **어떻게** どのように	ドェセヨ **되세요?** おなりですか？

성함は
이름「名前」の
敬語

入れ替え ↕

ヨンセガ **연세가** お年が （연세は나이「年齢」の敬語）	チュソガ **주소가** 住所が	ヒョンジェガ **형제가** 兄弟が	チゴビ **직업이** 職業が

どういったご用件ですか？

オットケ **어떻게** どのように	オショッスムニッカ **오셨습니까?** いらっしゃいましたか？

↑
오+셨습니까?（ハムニダ体）

訪ねてきた人に
用件を尋ねるときの
決まり文句だよ

140

第 **9** 章

難関！ 変則活用を乗り越える

韓国語学習の大きな難関、語尾の変則活用を丁寧に解説しています。
「変則活用覚え歌」を歌いながら楽しく覚えましょう。

Q37

ㄹ語幹用言のㄹパッチムは、
どういうときに**取れる**のですか？

A ㄹ語幹用言は、ㅅ [s]、ㅂ [p]、ㅇ [o]、(ㄹ [l])、ㄴ [n] で
始まる語尾がつくとㄹパッチムが取れます。

ㄹ語幹用言のしくみ

　살다「住む」の살のように、語幹末がㄹパッチムの動詞や形容詞を**ㄹ語幹
用言**といいます。ㄹ語幹用言は、下の基本パターンに出ている語尾が続くと
き、ㄹパッチムが取れます。ㄹパッチムが取れたあとには으のない語尾がつ
きます。結果的に、活用1と活用2の一部で不規則な活用となります。

● **ㄹパッチムが脱落する場合**

　ㄹ語幹用言では、語幹のあとにㅅ [s]、ㅂ [p]、ㅇ [o]、(ㄹ [l])、ㄴ [n]
で始まる語尾がつくと、語幹末のㄹパッチムが取れます。これらの文字を
並べて、**「スポーンと落ちる」**と覚えましょう。
　なお、(ㄹ [l]) は－ㄹ까요?「～しましょうか？」(→P.191) のようにㄹパッ
チムで始まる語尾を指します。－려고「～しようと」(→P.168) のように、ㄹ
が初声のときはㄹパッチムは取れません (→P.145)。

ㄹパッチム脱落 (ㄹ語幹用言)	の基本パターン

<table>
<tr><td>ㄹ語幹 (ㄹ脱落)</td><td>＋ ㅅ、ㅂ、ㅇ、(ㄹ)、ㄴ で始まる語尾</td></tr>
</table>

＋ ㅅ(s)、ㅂ(p)、ㅇ(o)、(ㄹ)(l)、ㄴ(n) で始まる語尾

● 語尾のつき方

| ス | 遠いですか？ | 멀다 ⓕ 遠い |

멀다 ＋ -세요？ → 머세요？

遠く　　　　　〜でいらっしゃいますか？　遠くていらっしゃいますか？

語幹멀から
ㄹ脱落　　　　ㅅ [s] で始まる語尾

| ポ | 開けます | 열다 ⓥ 開ける |

열다 ＋ -ㅂ니다 → 엽니다

開け　　　　　〜ます　　　　　開けます

語幹열から
ㄹ脱落　　　　ㅂ [p] パッチムで始まる語尾

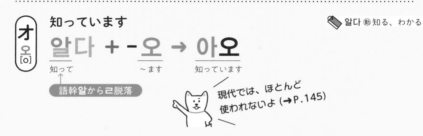

| オ | 知っています | 알다 ⓥ 知る、わかる |

알다 ＋ -오 → 아오

知って　　　〜ます　　　知っています

語幹알からㄹ脱落

現代では、ほとんど
使われないよ（→P.145）

| イ | 遊びましょうか？ | 놀다 ⓥ 遊ぶ |

놀다 ＋ -ㄹ까요？ → 놀까요？

遊び　　　　　〜しましょうか？　　　遊びましょうか？

語幹놀から
ㄹ脱落　　　　ㄹ [l] パッチムで始まる語尾

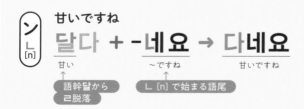

| ン | 甘いですね | 달다 ⓕ 甘い |

달다 ＋ -네요 → 다네요

甘い　　　　　〜ですね　　　　甘いですね

語幹달から
ㄹ脱落　　　　ㄴ [n] で始まる語尾

● 例文を見てみましょう

家は会社から遠いですか？

📎 멀다 形 遠い

집은 회사에서 머세요?

家は　　　　会社から　　　遠くていらっしゃいますか？

ㄹ語幹 (語幹멀からㄹ脱落) ＋尊敬の세요？(→P.129)

プレゼントの箱を開けます。

📎 열다 動 開ける

선물 상자를 엽니다.

プレゼントの　　箱を　　　開けます

ㄹ語幹 (語幹열からㄹ脱落) ＋ㅂ니다

公園で一緒に遊びましょうか？

📎 놀다 動 遊ぶ

공원에서 같이 놀까요?

公園で　　　一緒に　　　遊びましょうか？

ㄹ語幹 (語幹놀からㄹ脱落) ＋ㄹ까요？(→P.191)

このお菓子はとても甘いですね。

📎 달다 形 甘い

이 과자는 너무 다네요.

この　　お菓子は　　とても　　甘いですね

ㄹ語幹 (語幹달からㄹ脱落) ＋네요 (→P.185)

▷ ㄹパッチムが脱落する語尾の例

ㅅ [s] －세요　お〜になります (→P.129)

(ㄹ [l]) －ㄹ까요？　〜しましょうか？、〜でしょうか？(→P.191)

ㅂ [p] －ㅂ니다　〜です、〜ます (→P.90)

ㄴ [n] －네요　〜ですね、〜ますね (→P.185)

오 [o] －오　〜です、〜ます (→P.145)

● ㄹパッチムが脱落しない場合

　-**려고 해요**「〜しようと思います」のように、初声が**ㄹ** [r] の子音で始まる語尾がつく場合は、語幹末の**ㄹ**パッチムは取れません。そのとき**으**のつかない語尾がつくので、この点も注意しましょう。また、-**면**のように、スポーンで始まる語尾以外は、**ㄹ**パッチムは取れません。

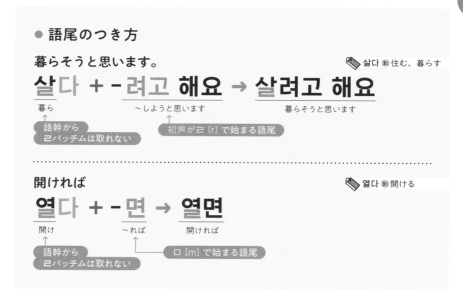

● 語尾のつき方

暮らそうと思います。

🔖 **살다** ㊟ 住む、暮らす

살다 ＋ -**려고 해요** → **살려고 해요**

暮ら　　　　　　　　〜しようと思います　　　　　暮らそうと思います

> 語幹から
> ㄹパッチムは取れない

> 初声が**ㄹ** [r] で始まる語尾

開ければ

🔖 **열다** ㊟ 開ける

열다 ＋ -**면** → **열면**

開け　　　　　〜れば　　　　開ければ

> 語幹から
> ㄹパッチムは取れない

> **ㅁ** [m] で始まる語尾

スポーンの-**오**って何？

　スポーンの-**오**は、「〜です、〜ます」や命令の「〜しなさい」などの意味で用いられる語尾です。現代の話し言葉ではほとんど使われなくなりましたが、お店のドアなどでは**미시오**「押してください」といった表示でよく見かけます。また、時代劇でもこの語尾をよく耳にします。
　ㄹ語幹につくときは**ㄹ**パッチムが脱落します。

듣다「聞く」のヘヨ体の活用は、なぜ들어요ではないのですか？

듣다「聞く」は ㄷ変則用言で、│活用2││活用3│のときに
語幹末の ㄷ パッチムが ㄹ に変化します。

ヘヨ体の活用は들어요となります。

ㄷ変則用言のしくみ

語幹末が ㄷ パッチムで終わる動詞の一部は不規則な活用をし、これらを**ㄷ変則用言**といいます。

ㄷ変則用言は、│活用2││活用3│で ㄷ パッチムが ㄹ パッチムに変わります。

┌─────────────────────────────┐

<table>
<tr><td colspan="3" style="text-align:center">ㄷ変則用言の例
→語幹末がㄷパッチムで、
変則活用する</td></tr>
<tr><td>聞く、聴く
듣다</td><td>歩く
걷다</td><td>尋ねる
묻다※</td></tr>
<tr><td>載せる
싣다</td><td>悟る
깨닫다</td><td></td></tr>
</table>

<table>
<tr><td colspan="3" style="text-align:center">規則用言の例
→語幹末がㄷパッチムで、
規則活用する</td></tr>
<tr><td>固い
굳다</td><td>閉める
닫다</td><td>もらう
받다</td></tr>
<tr><td>信じる
믿다</td><td>埋める
묻다※</td><td>得る
얻다</td></tr>
</table>

※**묻다**は、「尋ねる」の意味ではㄷ変則活用、「埋める」の意味では規則活用します。

● ㄷ変則用言と規則用言の活用比較

		ㄷ変則用言		規則用言	
		歩く **걷다**	載せる **싣다**	もらう **받다**	信じる **믿다**
活用 1	～だが **-지만**	歩くが **걷지만**	載せるが **싣지만**	もらうが **받지만**	信じるが **믿지만**
活用 2	～れば **-면/으면**	歩けば **걸으면**	載せれば **실으면**	もらえば **받으면**	信じれば **믿으면**
活用 3	～です、～ます **-아요/어요**	歩きます **걸어요**	載せます **실어요**	もらいます **받아요**	信じます **믿어요**

音楽を聴きます。
음악을 들어요.

Q39

ㄹ語幹用言とㄷ変則用言の
活用の見分け方を教えてください。

A ㄹ語幹用言とㄷ変則用言では、後ろにつく語尾によって
語幹末が同じに見えることがあります。

活用2 と 活用3 の場合で、比較してみましょう。

> 活用2 の場合

ㄹ語幹用言は、スポーン (s・p・o・l・n) で始まる語尾以外は、語幹末のパッチムは落ちません（→P.142）。また、このとき語尾に으は入りません。これに対し、ㄷ変則用言では、ㄷパッチムがㄹに変化し、으のついた語尾がつきます。

活用2 の語尾がつく場合、ㄹパッチムで終わる語幹末のあとに으が入っているかいないかで、ㄹ語幹用言とㄷ変則用言を見分けることができます。

活用3 の場合

　ㄷ変則用言は、ㄷパッチムがㄹパッチムに変化するため、 活用3 の場合、ㄹ語幹用言と同じ形になります。たとえば、**들다**「持つ」と**듣다**「聞く」の意味は違いますが、ヘヨ体に活用すると同じ形になります。どちらなのかは、前後の文脈や会話の流れで判断します。

ㄹ語幹用言

들다 + -어요 → 들어요
持ち　　　 ～ます　　 持ちます
ㄹパッチムが落ちない

🖊 들다 ⑩ 持つ

ㄷ変則用言

듣다 + -어요 → 들어요
聞き　　　 ～ます　　 聞きます
ㄷパッチムがㄹパッチムに変化

🖊 듣다 ⑩ 聞く

● 例文を見てみましょう

ㄹ語幹用言

家に電話をかけます。
집에 전화를 걸어요.
家に　　 電話を　 かけます
ㄹパッチムが落ちない

🖊 걸다 ⑩ かける

ㄷ変則用言

公園をあちこち歩きます。
공원을 여기저기 걸어요.
公園を　　 あちこち　 歩きます
ㄷパッチムがㄹパッチムに変化

🖊 걷다 ⑩ 歩く

語幹の形は同じでも意味が違うので、
文脈や場面で判断してね！

Q40

낫다「治る」のヘヨ体は、
낫아요となりますか？

いいえ。**낫다**「治る」は人変則用言なので、**낫아요**とはならず、
人パッチムが取れて**나아요**「治ります」になります。

人変則用言しくみ

　動詞や形容詞の語幹末が人パッチムで終わるものの一部は不規則な活用
をし、これを**人変則用言**といいます。

　人変則用言は、活用2 活用3 で人パッチムが取れる不規則な活用をし
ます。人パッチムは取れますが、活用2 では語尾の으は取れません。また、
活用3 で母音縮約は起こりません。

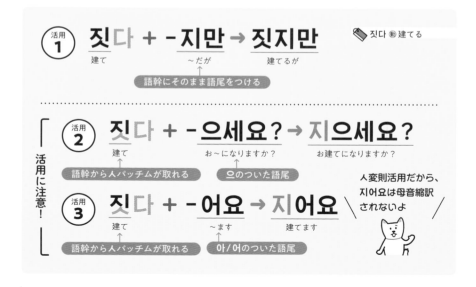

활용 ① 짓다 + -지만 → 짓지만　🏷️짓다 動建てる
建て　　　～だが　　建てるが
語幹にそのまま語尾をつける

活用に注意！

활용 ② 짓다 + -으세요? → 지으세요?
建て　　　お～になりますか？　お建てになりますか？
語幹から人パッチムが取れる　으のついた語尾

人変則活用だから、
지어요は母音縮訳
されないよ

활용 ③ 짓다 + -어요 → 지어요
建て　　　～ます　　建てます
語幹から人パッチムが取れる　아/어のついた語尾

ㅅ変則用言の例 → 語幹末がㅅパッチムで、変則活用する		
(線を)引く **긋다**	治る **낫다**	腫れる **붓다**
つなぐ **잇다**	かき混ぜる **젓다**	建てる **짓다**

規則用言の例 → 語幹末がㅅパッチムで、規則活用する		
脱ぐ **벗다**	(髪を)とかす **빗다**	笑う **웃다**
奪う **빼앗다**	洗う **씻다**	

● ㅅ変則用言と規則用言の活用比較

		ㅅ変則用言		規則用言	
		治る **낫다**	かき混ぜる **젓다**	笑う **웃다**	洗う **씻다**
活用 1	〜だが **-지만**	治るが **낫지만**	かき混ぜるが **젓지만**	笑うが **웃지만**	洗うが **씻지만**
活用 2	〜れば **-면/으면**	治れば **나으면**	かき混ぜれば **저으면**	笑えば **웃으면**	洗えば **씻으면**
活用 3	〜です、〜ます **-아요/어요**	治ります **나아요**	かき混ぜます **저어요**	笑います **웃어요**	洗います **씻어요**

家を建てます。
집을 지어요.

삽살개

그렇다「そうだ」のヘヨ体は、
なぜㅎが取れて그래요「そうです」となるのですか？

A 그렇다「そうだ」はㅎ変則用言で不規則な活用をするからです。

ㅎ変則用言のしくみ

語幹末のパッチムがㅎの形容詞は、좋다「良い」以外すべて不規則な活用をします。これらをㅎ変則用言といいます。 活用2 と 活用3 でㅎパッチムが取れ、 活用2 では으のない語尾がつきます。 活用3 では語幹末が陽母音、陰母音のどちらの場合でも母音はㅐになります。

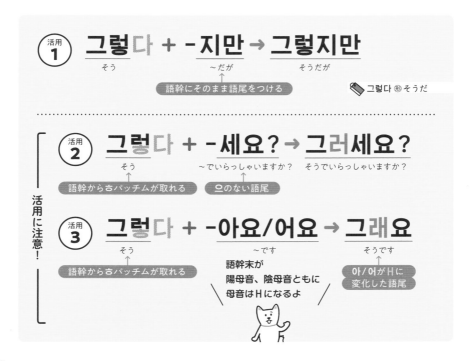

活用に注意！

活用1 그렇다 + -지만 → 그렇지만
そう ～だが そうだが
語幹にそのまま語尾をつける
✎ 그렇다 形 そうだ

活用2 그렇다 + -세요? → 그러세요?
そう ～でいらっしゃいますか？ そうでいらっしゃいますか？
語幹からㅎパッチムが取れる 으のない語尾

活用3 그렇다 + -아요/어요 → 그래요
そう ～です そうです
語幹からㅎパッチムが取れる
語幹末が陽母音、陰母音ともに母音はㅐになるよ
아/어がㅐに変化した語尾

ᇂ変則用言の例			規則用言の例		
→語幹末がᇂパッチムで、変則活用する			→語幹末がᇂパッチムで、規則活用する		
そうだ	どうだ	こうだ	生む	入れる	置く
그렇다	어떻다	이렇다	낳다	넣다	놓다
ああだ	黒い	赤い	触れる	積む	良い
저렇다	까맣다	빨갛다	닿다	쌓다	좋다

※語幹末がᇂパッチムの動詞は、すべて規則活用をします。

● ᇂ変則用言と規則用言の活用比較

		ᇂ変則用言		規則用言	
		赤い **빨갛다**	こうだ **이렇다**	良い **좋다**	入れる **넣다**
活用① 〜だが –지만		赤いが 빨갛**지만**	こうだが 이렇**지만**	良いが 좋**지만**	入れるが 넣**지만**
活用② 〜れば –면／으면		赤ければ 빨가**면**	こうならば 이러**면**	良ければ 좋**으면**	入れれば 넣**으면**
活用③ 〜です、〜ます –아요／어요		赤いです 빨개**요**	こうです 이래**요**	良いです 좋**아요**	入れます 넣**어요**

● 活用3 の特別な例

語幹末の母音は、**야**の場合は**얘**に、**여**の場合は**예**に変化します。

白い	白いです	白濁している	白濁しています
하얗다 →	하얘요	뿌옇다 →	뿌예요

Q42

매워요「辛いです」で、原形맵다の ㅂパッチムが無いのはなぜですか？

A 맵다「辛い」はㅂ変則用言です。ㅂ変則用言は
       　　　　　　　　　　　　　　　　ピウプ

ヘヨ体をつくるとき、ㅂパッチムが우に変わるからです。

ㅂ変則用言のしくみ

　語幹末のパッチムがㅂの形容詞の大部分と動詞の一部は、 活用2 活用3
で不規則な活用をします。これらを**ㅂ変則用言**といいます。

　 活用2 のときは、語幹末のㅂパッチムが우に変化し、으のない語尾がつき
ます。 活用3 のときは、語幹末のㅂパッチムが우に変化し、それが어と一体
化して워という形になります。

154

● 活用3 の特別な例

　ただし、**돕다**「助ける」の**돕**のように語幹が1音節で陽母音のときだけは、活用3 で**ㅂ**パッチムは**오**に変わり、それに**아**のついた語尾がついて**와**となります。**곱다**「きれいだ」も同じです。一緒に覚えておきましょう。

ㅂ変則用言の例 →語幹末がㅂパッチムで、変則活用する			規則用言の例 →語幹末がㅂパッチムで、規則活用する		
軽い **가볍다**	近い **가깝다**	ありがたい **고맙다**	着る **입다**	つかむ **잡다**	狭い **좁다**
重い **무겁다**	易しい **쉽다**	難しい **어렵다**	選ぶ **뽑다**	噛む **씹다**	

● ㅂ変則用言と規則用言の活用比較

		ㅂ変則用言		規則用言	
		暑い **덥다**	寒い **춥다**	着る **입다**	つかむ **잡다**
活用 **1**	〜だが **-지만**	暑いが **덥**지만	寒いが **춥**지만	着るが **입**지만	つかむが **잡**지만
活用 **2**	〜れば **-면/으면**	暑ければ **더우**면	寒ければ **추우**면	着れば **입**으면	つかめば **잡**으면
活用 **3**	〜です、〜ます **-아요/어요**	暑いです **더워**요	寒いです **추워**요	着ます **입**어요	つかみます **잡**아요

変則活用覚え歌

　韓国の遊び歌「猿のお尻は赤い」をもとに、変則活用の替え歌をつくりました。楽しく変則活用を覚えましょう。

猿のお尻は赤い
원숭이 엉덩이는 빨개

赤いのはコチュジャン　　コチュジャンは辛い
빨간 건 고추장　　**고추장은 매워**

辛いのはトッポギ　　トック（お餅）は白い
매운 건 떡볶이　　**떡은 하얘**

白いのはウサギ　　ウサギは速い
하얀 건 토끼　　**토끼는 빨라**

速いのはロケット　　ロケットは長い
빠른 건 로켓　　**로켓은 길어**

長いのはネックレス　　ネックレスはきれい
긴 건 목걸이　　**목걸이는 예뻐**

ここで使われている変則用言	
빨갛다「赤い」	ㅎ変則用言
맵다「辛い」	ㅂ変則用言
하얗다「白い」	ㅎ変則用言
빠르다「速い」	르変則用言
길다「長い」	ㄹ語幹用言
예쁘다「きれいだ」	으変則用言

Q43

예뻐요と言われました。

意味が知りたいのですが、**原形**は何ですか？

9

難関！変則活用を乗り越える

A 原形は**예쁘다**「かわいい、きれいだ」で、**으**変則用言です。

으変則用言のしくみ

　語幹末が母音の一で終わる動詞、形容詞はすべて 活用3 で変則活用をします。そのうちの大部分は**으変則用言**ですが、語幹末が르の場合は、**르変則用言**や**러変則用言**になるものがあります（→ P.159）。

活用1
예쁘다 ＋ −지만 → 예쁘지만
きれい　　　　　〜だが　　　　きれいだが
語幹にそのまま語尾をつける
✎ 예쁘다 ⑱ きれいだ

活用2
예쁘다 ＋ −세요？ → 예쁘세요？
きれい　　　　　お〜ですか？　おきれいですか？
으のない語尾

活用に注意！

活用3
예쁘다 ＋ −어요 → 예뻐요
きれい　　　　　〜です　　　　きれいです
語幹末の母音一が取れる　　語幹末の１つ前の文字の母音が
　　　　　　　　　　　　陰母音なら어요がつく

- ● 活用3 のまとめ

으変則用言は 活用3 の場合、쓰다「書く」のように語幹が1音節か、아프
다「痛い」、기쁘다「うれしい」のように語幹が2音節以上かによって、活用
のしかたが変わります。

> **語幹が1音節** ▶ 　語幹末の母音ーが取れ、**어**のついた語尾がつき
> ます。

쓰다 + -어요 → 써요
書き　　　 ～ます　　　書きます
✎ 쓰다 働 書く

語幹が1音節なので**어요**がつく

> **語幹が2音節以上** ▶ 　語幹末の母音ーが取れ、その前の母音が陽母音な
> ら**아**が、陰母音なら**어**のついた語尾がつきます。

- ● **語幹末の前の母音が陽母音**

아프다 + -아요 → 아파요
↑ 痛い　　 ～です　　　痛いです
陽母音ト
✎ 아프다 働 痛い

- ● **語幹末の前の母音が陰母音**

기쁘다 + -어요 → 기뻐요
↑ うれしい　～です　　うれしいです
陰母音丨
✎ 기쁘다 働 うれしい

으変則用言の例 →語幹末がーで、変則活用する			
忙しい **바쁘다**	空腹だ **배고프다**	大きい **크다**	従う **따르다**※

※**따르다**のように、
語幹末が**ㄹ**でも으
変則活用するもの
があります。

Q44 몰라요「わかりません」の原形は **모르다**ですが、**活用**がよくわかりません。

A **모르다**「知らない、わからない」は、르変則用言です。

몰라요は 活用3 のヘヨ体で、変則活用をしています。

 르変則用言のしくみ

　語幹末が르で終わる動詞、形容詞は**르変則用言**、**러変則用言**、**으変則用言**の３種類に分けられますが、大部分は르変則用言です。르変則用言は、活用3 のときだけ不規則な活用をします。語幹末の르の前の母音が陽母音か陰母音かによって、つく形が決まります。

活用1	모르다 + -지만 → 모르지만
	わからない　〜だが　わからないが

語幹にそのまま語尾をつける 🔖 모르다 働 知らない、わからない

活用2	모르다 + -세요? → 모르세요?
	知らない　お〜になりますか？　ご存じありませんか？

으のない語尾

「活用に注意！」

活用3	모르다 + ㄹ + -아요 → 몰라요
	わからない　　　　〜ます　わかりません

語幹末르の母音ーが取れ、残ったㄹがㄹㄹとなる

１つ前の모の母音が陽母音なら아요がつく

● 活用3 のまとめ

　아/어のついた語尾がつく 活用3 のときの活用を、まとめて見てみましょう。結果として、語幹末の르は前の母音が陽母音なら-ㄹ라となり、陰母音なら-ㄹ러となります。

● 語幹末르の前の母音が陽母音　　　✎빠르다 形 速い

빠르다 + ㄹ + -아요 → 빨라요
↑速い　　　　　　　　　　　　　　　速いです
陽母音ㅏ

● 語幹末르の前の母音が陰母音　　　✎부르다 動 呼ぶ

부르다 + ㄹ + -어요 → 불러요
↑呼び　　　　　　　　　　　　　　　呼びます
陰母音ㅜ

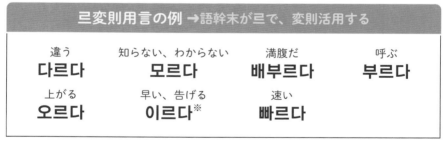

르変則用言の例 →語幹末が르で、変則活用する			
違う 다르다	知らない、わからない 모르다	満腹だ 배부르다	呼ぶ 부르다
上がる 오르다	早い、告げる 이르다※	速い 빠르다	

※「至る」の意味の이르다は러変則用言なので気をつけましょう。

チーターは
速いです。
치타는 빨라요.

러変則用言のしくみ

　語幹末が르で終わる動詞や形容詞のごく一部に、르変則用言や으変則用言と異なる活用をするものがあり、これを**러変則用言**といいます。

　러変則用言は 活用3 のときだけ不規則な活用をします。語幹に語尾-아/어-はつかず、語幹末の母音が陽母音でも陰母音でも-러-がつきます。

活用① 푸르다 + -지만 → 푸르지만
青い　　　　～だが　　青いが
語幹にそのまま語尾をつける
✎ 푸르다 形 青い

活用② 푸르다 + -면 → 푸르면
青い　　　～れば　　青ければ
으のない語尾

活用に注意！

活用③ 푸르다 + -어요 → 푸르러요
青い　　　　～です　　きれいです
아/어の代わりに러がつく
語幹末の母音ーは取れない！

러変則用言の例 →語幹末が르で、変則活用する		
黄色い	至る	青い
노르다	이르다	푸르다

● 으変則用言、르変則用言、러変則用言の活用比較

語幹末が르で終わる3つの変則用言の活用を比較してみましょう。 活用3 でそれぞれの違いが明らかになります。

なお、**이르다**は「早い、告げる」の意味では**르**変則用言、「至る」の意味では**러**変則用言と、異なる活用をします。

		으変則用言		르変則用言		러変則用言	
		従う **따르다**	払う **치르다**	早い、告げる **이르다**	違う **다르다**	至る **이르다**	黄色い **노르다**
活用1 〜だが **-지만**		従うが 따르**지만**	払うが 치르**지만**	早いが 이르**지만**	違うが 다르**지만**	至るが 이르**지만**	黄色いが 노르**지만**
活用2 〜れば **-면/ 으면**		従えば 따르**면**	払えば 치르**면**	早ければ 이르**면**	違えば 다르**면**	至れば 이르**면**	黄色ければ 노르**면**
活用3 〜です、 〜ます **-아요 /어요**		従います 따라**요**	払います 치러**요**	早いです 일러**요**	違います 달라**요**	至ります 이르러**요**	黄色いです 노르러**요**

> 注目は 活用3 。
> どこが違うか
> しっかり確認してね！

第 **10** 章

前後の文をつなぐ表現と連体形

本章の前半では、2つの文章をつなぐ表現を活用順に紹介します。
後半では、用言が名詞を修飾するときの形である連体形を紹介します。

-고
~して

基本パターン

語幹 ＋ －고

「安くておいしい」のように、2つ以上の似たような性質のことがらを**並列につなぐ**とき、あるいは「~して（から）」のように、**先行する動作**を表すときに使います。前の文と後ろの文の主語が違う場合でも使えます。

● 例文を見てみましょう

明日は映画も見て、ショッピングもしましょう。　보다 🗘 見る

내일은 영화도 보고 쇼핑도 해요.
明日は　　　映画も　　見て　　ショッピングも　しましょう

보＋고

この店は値段も安くて、味もなかなか良いです。　싸다 🗘 安い

이 집은 값도 싸고 맛도 괜찮아요.
この　　店は　　値段も　安くて　　味も　　なかなか良いです

싸＋고

私は演劇を見て、友だちはミュージカルを見ました。　보다 🗘 見る

저는 연극을 봤고 친구는 뮤지컬을 봤어요.
私は　　　演劇を　　見て　　友だちは　　ミュージカルを　　　見ました

봤＋고

主語が違う文もOK！
過去形にもつなげられるよ

昨日は夕食を食べて、まっすぐ家に帰りました。　먹다 🗘 食べる

어제는 저녁을 먹고 바로 집에 왔어요.
昨日は　　　夕食を　　食べて（から）まっすぐ　家に　　帰りました

먹＋고

逆説を表す　活用1

-지만
～だが

基本パターン

語幹 ＋ -지만

「～だが」や「～けれども」という**逆説**を表します。

● 例文を見てみましょう

このトッポギは赤いけれども辛くありません。

빨갛다 ⑱ 赤い

이 떡볶이는 빨갛지만 안 매워요.

この　　　トッポギは　　　赤いけれども　　　辛くありません

빨갛＋지만　　　　맵다「辛い」ㅂ変則用言

この店のメガネは、値段が安いですがおしゃれです。

저렴하다 ⑱ 値段が安い

이 집 안경은 저렴하지만 멋있어요.

この　店（の）　メガネは　　　値段は安いですが　　　おしゃれです

저렴하＋지만

外国人ですが、韓国語が上手です。

이다 ⑱ ～である

외국인이지만 한국말 잘해요.

外国人ですが　　　韓国語（が）　　上手です

이＋지만

ご飯は食べましたが、まだおなかが空いています。

먹다 ⑩ 食べる

밥은 먹었지만 아직 배고파요.

ご飯は　　　食べましたが　　　まだ　　　おなかが空いています

먹었＋지만　　　　배고프다「空腹だ」으変則用言

過去形にも
つなげられるよ

165

理由・原因を表す　活用2

-니까 / 으니까
～ので、～から

基本パターン		
母音語幹		**+ -니까**
ㄹ語幹 (ㄹ脱落)		
子音語幹 (ㄹ語幹以外)		**+ -으니까**

「～ので」や「～から」という**理由**や**原因**を表します。話し手の判断に基づいた主観的な理由を表すことが多いため、あとに続く文章には勧誘や命令表現がくることが多くなります。ㄹ語幹につく場合は、**ㄹパッチムが取れます**。

● 例文を見てみましょう

今は忙しいので、あとでいらしてください。

◆ 바쁘다 形 忙しい

지금은 바쁘니까 나중에 오세요.

今は　　　忙しいので　　　あとで　　　いらしてください

바쁘 + 니까

세요は丁寧な命令 → P.194

冷たい風が入ってくるので窓を閉めてください。

◆ 불다 動 吹く

찬바람이 부니까 창문 좀 닫아 주세요.

冷たい風が　　吹くので　　窓 (を)　ちょっと　閉めて　　ください

부 + 니까

語幹불から
ㄹパッチムが取れるよ

아/어 주세요「～してください」
→ P.198

時間どおりに到着されたので、心配なさらないでください。

◆ 도착하다 動 到着する

제시간에 도착하셨으니까 걱정 마세요.

時間どおりに　　　到着されたので　　　　心配　　なさらないでください

도착하 + 셨 + 으니까

尊敬表現や過去形にも
つなげられるよ

-러/으러
～しに

基本パターン	
母音語幹	+ -러
ㄹ語幹（ㄹ脱落せず）	
子音語幹（ㄹ語幹以外）	+ -으러

「～しに」や「～するために」という**目的**を表します。そのあとには**가다**「行く」や**오다**「来る」、**다니다**「通う」など、移動を表す動詞がきます。ㄹ語幹につく場合は、**ㄹパッチムは取れず**に-러がつきます。

● 例文を見てみましょう

ご飯を食べに行きます。

🏷 먹다 働食べる

밥 먹으러 가요.

ご飯（を）　食べに　行きます

먹＋으러

英語の勉強をしに語学学校に通っています。

🏷 공부하다 働勉強する

영어 공부하러 학원에 다녀요.

英語（の）　勉強をしに　語学学校に　通っています

공부하＋러

学원 [學院] は、予備校・塾、カルチャースクールなど、私設の教育機関のこと

明日、うちに遊びにいらっしゃい。

🏷 놀다 働遊ぶ

내일 우리 집에 놀러 오세요.

明日　うち（の）　家に　遊びに　いらっしゃい

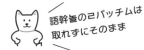

놀＋러 (으のない語尾)　오세요の세요は丁寧な命令 (➡P.194)

語幹놀のㄹパッチムは取れずにそのまま

意図を表す 　活用2

-려고 / -으려고
~しようと

基本パターン

母音語幹 ㄹ語幹（ㄹ脱落せず）	**+ -려고**
子音語幹（ㄹ語幹以外）	**+ -으려고**

　動詞や存在詞**있다**「いる」について**何かを実現しようとする考えや意図**を表します。そのあとに「する」や「思う」という意味の**하다**がよく用いられます。**ㄹ**語幹につく場合は、**ㄹパッチムは取れず**に**-려고**がつきます。

● 例文を見てみましょう

来月から韓国語を学ぼうと思います。

🖊 배우다 ⑩ 学ぶ

다음 달부터 한국말을 배우려고 해요.

次の　　　月から　　　　韓国語を　　　学ぼうと　　　思います

　　　　　　　　　　　　　　　　 배우 **+ 려고**

1時まではここにいようと思います。

🖊 있다 ⑪ ある、いる

한 시까지는 여기 있으려고 해요.

1　　　時までは　　　ここ（に）　いようと　　　思います

　　　　　　　　　　　　　　　있 **+ 으려고**

海苔巻きをつくろうと思って材料を買いました。

🖊 만들다 ⑩ つくる

김밥을 만들려고 재료를 샀어요.

海苔巻きを　　つくろうと（思って）　材料を　　　買いました

만들 **+ 려고（으のない語尾）**

語幹만들のㄹパッチムは
取れずにそのまま

-면 / 으면

~れば、~たら

基本パターン

母音語幹 ㄹ語幹（ㄹ脱落せず）	**+ -면**
子音語幹（ㄹ語幹以外）	**+ -으면**

「~れば」や「~たら」という**仮定**や**条件**を表します。ㄹ語幹につく場合は、**ㄹパッチムは取れず**に -면がつきます。

10

前後の文をつなぐ表現と連体形

● 例文を見てみましょう

電車で行ったら、どのくらいかかりますか？

📖 가다 動 行く

전철로 가면 얼마나 걸려요?

電車で　　行ったら　　どのくらい　　かかりますか？

↑
가+면

明日時間があれば一杯やりましょう。

📖 있다 存 ある、いる

내일 시간이 있으면 한잔해요.

明日　　時間が　　あれば　　一杯しましょう

↑
있+으면

これを売ったらダメですか？

📖 팔다 動 売る

이거 팔면 안 돼요?

これ（を）　売ったら　ダメですか？

↑
팔+면

語幹팔のㄹパッチムは
取れずにそのまま

明日なら大丈夫です。

📖 이다 指 ~である

내일이면 괜찮아요.

明日なら　　　大丈夫です

↑
이+면

-면서 / 으면서

～しながら
～でありながら

基本パターン	
母音語幹 ㄹ語幹（ㄹ脱落せず）	**+ -면서**
子音語幹（ㄹ語幹以外）	**+ -으면서**

2つ以上の動作や状態を表す「～しながら」や「～でありながら」という表現です。ㄹ語幹につく場合は、**ㄹパッチムは取れず**に-면서がつきます。

● 例文を見てみましょう

コーヒーを飲みながら、試験勉強をしました。　　　📎 마시다 動 飲む

커피 마시면서 시험공부를 했어요.
コーヒー（を）　飲みながら　　　　試験勉強を　　　　しました

마시 + 면서

ご飯を食べながら話しましょう。　　　📎 먹다 動 食べる

밥 먹으면서 얘기해요.
ご飯（を）　食べながら　　話しましょう

먹 + 으면서

そのドラマを泣きながら見ました。　　　📎 울다 動 泣く

그 드라마를 울면서 봤어요.
その　　　ドラマを　　泣きながら　　見ました

울 + 면서

語幹울のㄹパッチムは
取れずにそのまま

私は会社員であり、ユーチューバーです。　　　📎 이다 助 ～である

저는 회사원이면서 유튜버예요.
私は　　　会社員でありながら　　　ユーチューバーです

이 + 면서

-아서 / 어서

~ので

基本パターン

陽母音語幹 **＋ -아서**

陰母音語幹 **＋ -어서**

　客観的な**理由**や**原因**を表します。主観的な原因・理由を表す**-니까/으니까**とは異なり、後ろのフレーズに勧誘や命令を表す文はきません。また、**-아서/어서**の前には過去をつくる**-았/었-**はつきません。

10

前後の文をつなぐ表現と連体形

● 例文を見てみましょう

彼は声が良いので、声優みたいです。

🔖 좋다 ㊟ 良い

그는 목소리가 좋아서 성우 같아요.

彼は　　　　声が　　　　　良いので　　　声優　　みたいです

좋 + 아서

渋滞していたので、約束時間に遅れました。

🔖 막히다 ㊞ 詰まる

차가 막혀서 약속 시간에 늦었어요.

車が　　詰まったため　　約束　　時間に　　　遅れました

막히 + 어서

コーヒーがあまりに濃かったので、ミルクを入れました。

🔖 진하다 ㊟ 濃い

커피가 너무 진해서 우유를 넣었어요.

コーヒーが　　　あまりに　　濃いので　　　ミルクを　　　入れました

진하 + 여서

-아서 / 어서
~して

基本パターン	
陽母音語幹 ＋ -아서	
陰母音語幹 ＋ -어서	

「~して（から）」のように、**先行する動作**を表すときに用います。この場合、前の文と後ろの文の主語は一致します。**-아서/어서**の前に過去をつくる**-았/었-**はつきません。

● 例文を見てみましょう

鍵をもらって部屋に入りました。

🖊 받다 働 もらう

열쇠를 받아서 방에 들어갔어요.

鍵を　　　もらって　　　部屋に　　　入りました

받＋아서

ラーメンをつくって、友だちと一緒に食べました。

🖊 끓이다 働 煮る

라면을 끓여서 친구하고 같이 먹었어요.

ラーメンを　　煮て　　　友だちと　　　一緒に　　　食べました

끓이＋어서

海辺に行って夜景を見ました。

🖊 가다 働 行く

바닷가에 가서 야경을 봤어요.

海辺に　　　行って　　　夜景を　　　見ました

가＋아서

動詞・存在詞の現在連体形　活用1

-는
~する~
~している~

基本パターン

語幹
（ただし、ㄹ語幹はㄹ脱落）　+ -는

10

前後の文をつなぐ表現と連体形

　「笑っている人」の「~している~」のように、動詞などの用言が名詞を修飾する形を**連体形**といいます。**動詞と存在詞の現在連体形**「~する~」や「~している~」は、語幹に**-는**をつけてつくります。ㄹ語幹につく場合は、**ㄹパッチムが取れます**。

● 例文を見てみましょう

笑顔がかわいいです。

✎ 웃다 ⑩ 笑う

웃는 얼굴이 예뻐요.

笑っている　　　顔が　　　　かわいいです
↑
웃 + 는　　　　　예쁘다「かわいい」으変則用言

あの人は知りあいですか?

✎ 알다 ⑩ 知る、わかる

저 사람 아는 사람이에요?

あの　　人（は）　　知っている　　　人ですか?
↑
아 + 는

語幹알から
ㄹパッチムが取れるよ

まったく知らない人です。

✎ 모르다 ⑩ 知らない、わからない

전혀 모르는 사람이에요.

まったく　　　知らない　　　　　人です
↑
모르 + 는

あの方は人気のある作家です。

✎ 있다 ㊕ ある、いる

저분은 인기 있는 작가예요.

あの方は　　　人気（の）　　ある　　　　作家です
↑
있 + 는

173

形容詞・指定詞の現在連体形　活用2

-ㄴ/은

~な~、~い~
~である~

基本パターン	
母音語幹	
ㄹ語幹 (ㄹ脱落)	+ -ㄴ
子音語幹 (ㄹ語幹以外)	+ -은

　「長い休み」の「~い~」のように、**形容詞と指定詞の現在連体形をつくる語尾**です。語幹に-ㄴまたは-은をつけてつくります。ㄹ語幹につく場合は、**ㄹパッチムが取れます**。

● 例文を見てみましょう

今日うれしいことがありました。

🔖 기쁘다 ㊙ うれしい

오늘 기쁜 일이 있었어요.

今日　　うれしい　　ことが　　ありました

기쁘＋ㄴ

長い休暇を取りました。

🔖 길다 ㊙ 長い

긴 휴가를 얻었습니다.

長い　　休暇を　　もらいました

기＋ㄴ

> 語幹길から
> ㄹパッチムが取れるよ

眺めの良い部屋はありますか?

🔖 좋다 ㊙ 良い

전망이 좋은 방 있어요?

展望が　　良い　部屋(は)　ありますか?

좋＋은

看護師である母は朝早く出かけます。

🔖 이다 ㊙ ~である

간호사인 어머니는 아침 일찍 나가세요.

看護師である　　母は　　　朝　　早く　　お出かけになります

이＋ㄴ

-ㄴ / 은
～した～

基本パターン	
母音語幹	
ㄹ語幹（ㄹ脱落）	**＋ -ㄴ**
子音語幹（ㄹ語幹以外）	**＋ -은**

「撮った写真」の「～した～」のように、**動詞の過去連体形をつくる語尾**です。語幹に -ㄴ または -은 をつけてつくります。ㄹ語幹につく場合は、ㄹパッチムが取れます。形容詞・指定詞の現在連体形をつくる語尾（P.174）と同じ形ですが、意味は違うので注意が必要です。

● 例文を見てみましょう

昨日撮った写真をご覧になりましたか？

🔖 찍다 ⑩ 撮る

어제 찍은 사진 보셨어요?

昨日　　撮った　　写真（を）　　ご覧になりましたか？

찍＋은

これは私がつくったものです。

🔖 만들다 ⑩ つくる

이거 제가 만든 거예요.

これ（は）　　私が　　つくった　　ものです

만드＋ㄴ

> 語幹만들から
> ㄹパッチムが取れるよ

韓国語を学んで1年になりました。

🔖 배우다 ⑩ 学ぶ

한국말 배운 지 1년이 됐어요.

韓国語（を）　　学んで　　以来　　1年に　　なりました

배우＋ㄴ

> ㄴ/은 지「～して以来」は、
> 慣用的によく使うよ

-던
~だった~

基本パターン

語幹 + -던

「学生だった頃」の「~だった~」のように、**形容詞・存在詞・指定詞の過去連体形をつくる語尾**です。-았던/었던の形でもよく用いられます。動詞の過去連体形についてはP.175、P.178を参照してください。

● 例文を見てみましょう

かわいかった子どもが、もう大学生です。　🖋 귀엽다 形 かわいい

귀엽던 아이가 벌써 대학생이에요.

かわいかった　　子どもが　　もう　　　大学生です

귀엽 + 던

昨日暑かった陽気が今日は寒いです。　🖋 덥다 形 暑い

어제 덥던 날씨가 오늘은 추워요.

昨日　　暑かった　　天気が　　今日は　　寒いです

덥 + 던　　　　　　　춥다「寒い」ㅂ変則用言

一時は人気のあった歌手でした。　🖋 있다 存 ある、いる

한때는 인기 있던 가수였어요.

一時は　　人気（が）　あった　　歌手でした

있 + 던

プヨ（扶余）はペクチェ（百済）の首都だったところです。　🖋 이다 指 ~である

부여는 백제의 수도였던 곳이에요.

プヨは　　ペクチェの　　首都だった　　ところです

母音で終わる名詞 + 였던

-ㄹ/을

~する（予定の）~
~する（はずの）~

基本パターン	
母音語幹	＋-ㄹ
ㄹ語幹（ㄹ脱落）	
子音語幹（ㄹ語幹以外）	＋-을

「明日着る服」の「着る~」のように、これから起こりうることや、実現していない未来のできごとを表す**未来連体形をつくる語尾**です。推測、予定、意志、可能性などを表現するときに使います。ㄹ語幹につく場合は、**ㄹパッチムが取れて、そこに未来連体形をつくる-ㄹがつきます**。

● 例文を見てみましょう

忙しいとき手伝ってくれる人はいますか？

🖊 바쁘다 ㉖忙しい
🖊 도와주다 ㊙手伝ってくれる

바쁠 때 도와줄 사람이 있어요?

忙しい　　とき　手伝ってくれる　　人が　　　　いますか？

바쁘＋ㄹ　　　도와주＋ㄹ

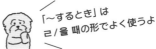

「~するとき」は
ㄹ/을 때 の形でよく使うよ

今夜、重要な発表がある予定です。

🖊 있다 ㉖ある、いる

오늘 밤에 중요한 발표가 있을 예정이에요.

今日（の）　夜に　　重要な　　発表が　　ある　　　予定です

있＋을

売るものと売らないものを分けました。

🖊 팔다 ㊙売る

팔 것과 안 팔 것을 나누었어요.

売る　ものと　売らない　ものを　　　分けました

파＋ㄹ

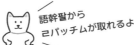

語幹팔から
ㄹパッチムが取れるよ

連体形のまとめ

連体形をつくる場合、それぞれの用言の語幹に、+のあとの語尾がつきます。ㄹ語幹用言につく場合、ㄹパッチムが取れるので注意しましょう。

	現在連体形	過去連体形	未来連体形
動詞につく	語幹 (ㄹ語幹はㄹ脱落) + -는	母音語幹 ㄹ語幹 (ㄹ脱落) + -ㄴ 子音語幹 + -은	母音語幹 ㄹ語幹 (ㄹ脱落) + -ㄹ 子音語幹 + -을
形容詞につく	母音語幹 ㄹ語幹 (ㄹ脱落) + -ㄴ 子音語幹 + -은	語幹 + -던	母音語幹 ㄹ語幹 (ㄹ脱落) + -ㄹ 子音語幹 + -을
存在詞につく	語幹 + -는	語幹 + -던	語幹 + -을
指定詞につく	語幹 + -ㄴ	語幹 + -던	語幹 + -ㄹ

動詞につく -던

P.176では、-던を形容詞・存在詞・指定詞の過去連体形をつくる語尾だと説明しましたが、動詞にも用いることができます。その場合、「～していた～」と回想の意味で使われます。

私が住んでいた家
내가 살던 집

よく聴いていた音楽
자주 듣던 음악

第 **11** 章

文末で使える表現

文末の表現を使いこなせると、自分の意思や気持ちをはじめ、
ものごとの状態などをより詳しく相手に伝えることができます。

-거든요
~なんですよ

基本パターン

語幹 + -거든요

「~なんですよ」や「~なものですから」など、話題の**前置き**を話すときや、自分の行為についての**根拠**を伝えるときに使います。日常会話で非常によく使われる表現です。文末の-**요**を取ると、パンマル（➡P.99）になります。過去形をつくる-**았/었**-のあとにもつきます。

● 例文を見てみましょう

今、すごく忙しいんですよ。あとで話しましょう。

✎ 바쁘다 ⑱忙しい

지금 엄청 바쁘거든요. 이따가 얘기해요.

今　　　すごく　　忙しいんですよ　　　　あとで　　　話しましょう

바쁘 + 거든요

実は、悩みがあるんですよ。

✎ 있다 ㉿ある、いる

실은 고민이 있거든요.

実は　　悩みが　　あるんですよ

있 + 거든요

昨日遅くまで酒を飲んだんだ。
それで、頭が痛いんだ。

✎ 마시다 ⑯飲む

어제 늦게까지 술 마셨거든. 그래서 머리가 아파.

昨日　　遅くまで　　酒（を）　飲んだんだ　　　それで　　　頭が　　　痛いんだ

마셨 + 거든 (요が取れるとパンマル)

過去形にもつくよ

意志、推量を表す 〔活用1〕

-겠어요
~します
~でしょう

基本パターン

語幹 + -겠어요

-겠-は主語が話し手の場合はその意志を表し、疑問文にすると相手の**意志**を尋ねる表現になります。例文のように主語が「天気」などの場合は、「~だろう」という話し手の**推量**を表します。

● 例文を見てみましょう

サッカーの決勝戦に行かれますか？

🏷 가다 ⑩ 行く

축구 결승전에 가시겠어요?

サッカーの　　　決勝戦に　　　行かれますか？

가+시+겠어요?

主語は「あなた」。
相手の意志を尋ねているよ

はい、私も必ず行きます。

네, 저도 꼭 가겠습니다.

はい　　私も　　必ず　　行きます

가+겠습니다

主語は「私」で、
意志を表すよ

午後は雨が降りそうです。

🏷 오다 ⑩ (雨が) 降る

오후에는 비가 오겠어요.

午後には　　　雨が　　降りそうです

오+겠어요

主語は「雨」。
話し手の推量を表すよ

願望や希望を表す　活用1

-고 싶어요
〜したいです

基本パターン

語幹 + -고 싶어요

　-고 싶다は「〜したい」という**願望**や**希望**を表します。-고 싶어요はヘヨ体
です。

● 例文を見てみましょう

ヨーロッパ旅行に行きたいです。 　🔖 가다 動行く

유럽 여행을 가고 싶어요.
ヨーロッパ　　　　　旅行に　　　　　行きたいです

가+고 싶어요

韓国でおいしいものをたくさん食べたかったです。 　🔖 먹다 動食べる

한국에서 맛있는 음식을 많이 먹고 싶었어요.
韓国で　　　　おいしい　　　食べ物を　たくさん　　　食べたかったです

먹+고 싶었어요

過去形だよ

今は誰にも会いたくありません。 　🔖 만나다 動会う

지금은 아무도 만나고 싶지 않아요.
今は　　　　　誰にも　　　　会いたくありません

만나+고 싶+지 않아요

否定形だよ

お母さんに会いたい。 　🔖 보다 動見る、会う

엄마를 보고 싶어.
お母さんに　　　会いたい

보+고 싶어 (요が取れるとパンマル)

-고 있어요
~しています

基本パターン

語幹 + -고 있어요

　-고 있다は「～している」や「～しつつある」という**進行中の動作**や**繰り返される動作**を表します。-고 있어요はヘヨ体です。

11

文末で使える表現

● 例文を見てみましょう

今、シャワーをしています。

🏷 샤워하다 ⑩ シャワーをする

지금 샤워하고 있어요.

今　　　シャワーをしています

샤워하 + 고 있어요

毎週木曜日に韓国語を勉強しています。

🏷 공부하다 ⑩ 勉強する

매주 목요일에 한국어를 공부하고 있어요.

毎週　　　木曜日に　　　韓国語を　　　勉強しています

공부하 + 고 있어요

最近、小説を読んでいます。

🏷 읽다 ⑩ 読む

요즘 소설책을 읽고 있어요.

最近　　　小説本を　　　読んでいます

읽 + 고 있어요

읽고 [일꼬]は、
発音変化に注意!

-기 좋아요
～しやすいです

基本パターン

語幹 **+** -기 좋아요

動詞の語幹に**-기**をつけて「～すること」と名詞化し、そのあとに形容詞の**좋다**「良い」を続けた形です。「～しやすい」という意味でよく使われます。**좋다**を、**어렵다**「難しい」に言い換えると、「～するのが難しい、～しにくい」という意味になります。

● 例文を見てみましょう

このボールペンは使いやすいです。

✎ 쓰다 ⑩使う

이 볼펜은 쓰기 좋아요.
この　　ボールペンは　　使いやすいです

쓰+기 좋아요

この村は住みやすいです。

✎ 살다 ⑩住む

이 마을은 살기 좋아요.
この　　村は　　　　住みやすいです

살+기 좋아요

この数学の問題は解きにくいです。

✎ 풀다 ⑩解く

이 수학 문제는 풀기 어려워요.
この　　数学の　　問題は　　　解くのが難しいです

풀+기 어려워요

어렵다「難しい」の
ヘヨ体어려워요を用いると、
「～しにくいです」
という意味になるよ

感嘆を表す　活用1

-네요
~ですね、~ますね

基本パターン

語幹（ㄹ脱落）＋ -네요

新たな発見や**驚き**、**感動**などがあったときに用います。日常会話で非常によく使われる表現です。ㄹ語幹につく場合は**ㄹパッチムが取れます**。

11

文末で使える表現

● 例文を見てみましょう

キムチがすごくおいしいですね。

맛있다 ㊑おいしい

김치가 참 맛있네요.
キムチが　　実に　　おいしいですね

맛있 + 네요

韓国語の実力が本当にすごいですね。

대단하다 ㊑たいしたものだ

한국어 실력이 정말 대단하네요.
韓国語の　　実力が　　本当に　　たいしたものですね

대단하 + 네요

歴史について、よく知っていますね。

알다 ㊐知る、わかる

역사에 대해서 잘 아네요.
歴史に　　　ついて　　よく　知っていますね

아 + 네요

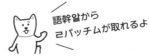

語幹알から
ㄹパッチムが取れるよ

185

-죠 (?)

~しましょう
~ですか?、~ますか?

基本パターン

語幹 **+** -죠 (?)

　「~しましょう」のように、**相手の動作を促す**ときや、**誘う**ときに用い、日常会話でよく使われます。-죠は-지요の縮約形でヘヨ体です。いろいろな場面で使われ、**柔らかい疑問**や**確認**、**同意**などの意味を表します。

● 例文を見てみましょう

一緒にお昼ご飯を食べに行きましょう。

🖋 가다 動 行く

같이 점심 먹으러 가죠.

一緒に　お昼ご飯 (を)　食べに　行きましょう

가+죠

このカバン、いくらですか?

🖋 이다 指 ~である

이 가방 얼마죠?

この　カバン　いくらですか?

指定詞이다の語幹이が省略されている

疑問詞と一緒に用いると、柔らかい印象を与える疑問文になるよ

明日は時間がありますよね?

🖋 있다 存 ある、いる

내일은 시간이 있죠?

明日は　　時間が　　ありますよね?

있+죠?

疑問詞がない文では、確認や同意の意味になるよ

経験を表す　活用2

-ㄴ/은 적이 있어요
～したことがあります

基本パターン

| 母音語幹
ㄹ語幹（ㄹ脱落） | + -ㄴ 적이 있어요 |
| 子音語幹（ㄹ語幹
以外） | + -은 적이 있어요 |

　-ㄴ/은は「～した～」という動詞の過去連体形をつくる語尾で、そのあとに**적이 있다**が続くと、「～したことがある」という**経験**を表します。最後の**있다**の代わりに**없다**を用いると「～したことがない」という意味になります。ㄹ語幹につく場合は、ㄹパッチムが取れます。

11

文末で使える表現

● 例文を見てみましょう

民俗村に行ったことがあります。

✎ 가다 働 行く

민속촌에 간 적이 있어요.

民俗村に　　　　行ったことがあります

가+ㄴ 적이 있어요

エプロンをつくったことがあります。

✎ 만들다 働 つくる

앞치마를 만든 적이 있어요.

エプロンを　　　つくったことがあります

만드+ㄴ 적이 있어요

語幹만들から
ㄹパッチムが取れるよ

この歌を聴いたことがありますか？

✎ 듣다 働 聴く

이 노래 들은 적이 있어요?

この　　歌（を）　　聴いたことがありますか？

들+은 적이 있어요?

語幹듣のㄷパッチムが
ㄹに変わるよ
（ㄷ変則用言）

いいえ、聴いたことがありません。

아뇨, 들은 적이 없어요.

いいえ　　　　聴いたことがありません

들+은 적이 없어요

있어요を
없어요に置き換えると
「～したことがありません」
という意味になるよ

意志、推量を表す 〔活用2〕

-ㄹ/을 거예요

~するつもりです
~でしょう

基本パターン

母音語幹	
ㄹ語幹 (ㄹ脱落)	**+ -ㄹ 거예요**

| 子音語幹 (ㄹ語幹以外) | **+ -을 거예요** |

　-ㄹ/을 것이다は、主語が 1 人称 (「私」など) や 2 人称 (「あなた」など) の場合は「~するつもりだ」という**意志**や**予定**を表し、3 人称 (「彼、彼女」など) の場合は「~だろう」や「~と思う」という話し手の**推量**を表します。것は話し言葉では거となり、-ㄹ/을 거예요は-ㄹ/을 거다のヘヨ体になります。ㄹ語幹につく場合は、ㄹパッチムが取れます。

● 例文を見てみましょう

週末は 1 日中寝るつもりです。

✎ 자다 動寝る

주말에는 하루 종일 잘 거예요.

주말에는 하루 종일 잘 거예요
週末は　　　　1日　　　終日　　寝るつもりです

자＋ㄹ 거예요

主語は 1 人称「私」。
意志や予定を表す表現

予防接種はいつ受けるつもりですか？

✎ 맞다 動 (注射を) 打つ

예방 주사는 언제 맞을 거예요?

예방 주사는 언제 맞을 거예요
予防　　注射は　　いつ　　打つつもりですか？

맞＋을 거예요

主語は 2 人称「あなた」。
相手の意志や予定を
尋ねる表現

夕方には風が激しく吹くと思いますよ。

✎ 불다 動吹く

저녁에는 바람이 심하게 불 거예요.

저녁에는 바람이 심하게 불 거예요
夕方には　　　風が　　　激しく　　吹くと思います

부＋ㄹ 거예요

語幹불から
ㄹパッチムが
取れるよ

188

可能を表す　活用2

-ㄹ/을 수 있어요
~することができます

基本パターン

母音語幹	
ㄹ語幹 (ㄹ脱落)	+ -ㄹ 수 있어요
子音語幹 (ㄹ語幹以外)	+ -을 수 있어요

動詞や存在詞**있다**「いる」の語幹に、**-ㄹ/을 수 있다**がつくと、「~することができる」という**可能**を表す表現になります。**있다**の代わりに**없다**を用いると「~することができない」という不可能を表します。ㄹ語幹につく場合は、ㄹパッチムが取れます。

11

文末で使える表現

● 例文を見てみましょう

韓国語が少しできます。

✎ 하다 動話す、する

한국말을 조금 할 수 있어요.
韓国語を　　　少し　　話すことができます
　　　　　　　　　　　　하+ㄹ 수 있어요

この本を明日までに読み終えることができますか？

✎ 읽다 動読む

이 책을 내일까지 다 읽을 수 있어요?
この　本を　明日までに　全部　読むことができますか？
　　　　　　　　　　　　읽+을 수 있어요?

この窓を開けることができますか？

✎ 열다 動開ける

이 창문 열 수 있어요?
この　窓 (を)　開けることができますか？
　　　　　여+ㄹ 수 있어요?

語幹열から
ㄹパッチムが取れるよ

辛い料理は食べられません。

✎ 먹다 動食べる

매운 음식은 먹을 수 없어요.
辛い　　料理は　　　食べることができせん
매우+ㄴで맵다「辛い」の現在連体形(→P.154)　먹+을 수 없어요

없어요がくると、
不可能の意味だよ

-ㄹ게요/을게요

~しますね

基本パターン

母音語幹 ㄹ語幹 (ㄹ脱落)	+ -ㄹ게요
子音語幹 (ㄹ語幹以外)	+ -을게요

　「~しますね」や「~しますから」と、話し手の**意志**を伝えるときや**約束**をするときに使う表現です。日常会話でよく使われますが、くだけた表現なので、目上の人には**-겠어요**などの丁寧な表現を使うとよいでしょう。ㄹ語幹につく場合は、**ㄹパッチムが取れます**。

● 例文を見てみましょう

着いたらすぐショートメールを送りますね。

🖊 보내다 働送る

도착하면 바로 문자 보낼게요.

<u>到着したら</u>　　すぐ　ショートメール(を)　<u>送りますね</u>

보내 + ㄹ게요

ちょっと疲れたのでここに座りますね。

🖊 앉다 働座る

좀 피곤하니까 여기 앉을게요.

ちょっと　　疲れているで　　ここに　　<u>座りますね</u>

앉 + 을게요

今日の夕飯は私がつくりますから。

🖊 만들다 働つくる

오늘 저녁은 제가 만들게요.

<u>今日 (の)</u>　　夕飯は　　私が　　<u>つくりますから</u>

만드 + ㄹ게요

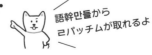

語幹만들から
ㄹパッチムが取れるよ

提案、推量を表す　活用2

-ㄹ까요 / 을까요?

～しましょうか？
～でしょうか？

基本パターン

母音語幹	
ㄹ語幹 (ㄹ脱落)	+ -ㄹ까요?

| 子音語幹 (ㄹ語幹以外) | + -을까요? |

動詞や存在詞**있다**「いる」の語幹について、「～しましょうか？」という**提案**や、「～でしょうか？」という**推量**を表します。主語が3人称（「彼、彼女」など）のときには推量になります。ㄹ語幹につく場合は、**ㄹパッチムが取れます。**

11

文末で使える表現

● 例文を見てみましょう

コーヒーでも頼みましょうか？

📎 시키다 ⓥ 注文する

커피라도 시킬까요?

コーヒーでも　　注文しましょうか？

시키 + ㄹ까요?

提案の表現だよ

あの窓際に座りましょうか？

📎 앉다 ⓥ 座る

저 창가에 앉을까요?

あの　　窓際に　　座りましょうか？

앉 + 을까요?

提案の表現だよ

あの人は私の気持ちをわかっているのでしょうか？

📎 알다 ⓥ 知る、わかる

그 사람이 내 마음을 알까요?

あの　　人は　　私の　　気持ちを　わかっているのでしょうか？

아 + ㄹ까요?

語幹알から
ㄹパッチムが取れるよ

主語は3人称「あの人」。
推量の表現だよ

191

-면／으면 돼요

～ればいいです
～ならいいです

基本パターン

母音語幹	
ㄹ語幹 (ㄹ脱落せず)	**＋-면 돼요**
子音語幹 (ㄹ語幹以外)	**＋-으면 돼요**

　-면／으면 돼요は-면／으면 되다のヘヨ体で、「～すればいいです」と誰かに**助言**をする場合や、「～ならいいです」という**許容**の意味で使います。ㄹ語幹につく場合、**ㄹパッチムは取れずに**-면 돼요がつきます。

● 例文を見てみましょう

明洞（ミョンドン）はどこで降りればいいですか？

명동은 어디서 내리면 돼요?

明洞は　　　どこで　　　降りればいいですか？
　　　　　　　　　　　　↑
　　　　　　　　　　　内리+면 돼요?

📝 내리다 動 降りる

疑問文でも
よく使われるよ

なかったらつくればいいです。

없으면 만들면 돼요.

なかったら　　つくればいいです
　　　　　　↑
　　　　　만들+면 돼요

📝 만들다 動 つくる

語幹만들のㄹパッチムは
取れずにそのまま

未成年でなければいいです。

미성년자가 아니면 됩니다.

未成年者で　　　　なければいいです
　　　　　　　　　↑
　　　　　　　　아니+면 됩니다

📝 아니다 形 ～でない

됩니다は돼요の
かしこまった表現だよ

身分証があればいいですか？

신분증이 있으면 됩니까?

身分証が　　　あればいいですか？
　　　　↑
　　 있+으면 됩니까?

📝 있다 存 ある、いる

-ㅂ시다/읍시다
~しましょう、~しよう

基本パターン

母音語幹 ㄹ語幹（ㄹ脱落）	+ -ㅂ시다
子音語幹（ㄹ語幹以外）	+ -읍시다

動詞について「~しましょう」や「~しよう」という**勧誘**の意味で使います。同年配や年下の人を誘うときの表現で、目上の人には使えません。ㄹ語幹につく場合は、**ㄹパッチムが取れます**。

11

文末で使える表現

● 例文を見てみましょう

時間がないので早く行きましょう。

🏷 가다 動 行く

시간이 없으니까 빨리 갑시다.

時間が　　　ないので　　　早く　　　行きましょう
　　　　　　　　　　　　　　　　　　　↑
　　　　　　　　　　　　　　　　가+ㅂ시다

今日は思う存分遊びましょう。

🏷 놀다 動 遊ぶ

오늘은 마음껏 놉시다.

今日は　　　思う存分　　　遊びましょう
　　　　　　　　　　　　　↑
　　　　　　　　　　　노+ㅂ시다

語幹놀から
ㄹパッチムが取れるよ

ここにちょっと座りましょう。

🏷 앉다 動 座る

여기 좀 앉읍시다.

ここに　ちょっと　座りましょう
　　　　　　　　　↑
　　　　　　　앉+읍시다

memo

-ㅂ시다/읍시다 は「~してくれ」と少し強引に頼む場合にも使います。

● **서울역에 갑시다.**
ソウル駅に行ってくれ。（タクシーで）

● **내립시다!**
降ろしてくれ！（＝降ります！：バスで降りるときなど）

내립시다!を勧誘表現の「降りましょう！」だと思って、一緒に降りないでくださいね。

丁寧な命令を表す　活用2

-세요 / 으세요

~してください
お~ください

基本パターン

| 母音語幹 | + -세요 |
| ㄹ語幹 (ㄹ脱落) | |

| 子音語幹 (ㄹ語幹以外) | + -으세요 |

　少し**丁寧な言い回しの命令形**でヘヨ体です。「お~になります」という尊敬の表現と同じ形なので、文脈で違いを判断します(→ P.129)。丁寧でも命令文なので、挨拶など決まり文句以外で目上の人に使うときは注意が必要です。ㄹ語幹につく場合は、**ㄹパッチムが取れます**。

● 例文を見てみましょう

ここにお座りください。　　　　　　　　　　　　✎ 앉다 働 座る

여기 앉으세요.

ここ(に)　お座りください

앉+으세요

「お座りになります」も同じ形。
どちらなのかは
文脈で判断してね

商売繁盛頑張ってください。(店員への挨拶)　　　✎ 팔다 働 売る

많이 파세요.

たくさん　売ってください

파+세요

語幹팔から
ㄹパッチムが取れるよ

さようなら。/ はい、さようなら。(その場から立ち去る人に)　✎ 가다 働 行く

안녕히 가세요. / 네, 안녕히 가십시오.

お元気で　行ってください　　　はい　　お元気で　　行ってください

가+세요　　　　　　　　　　　　　　가+십시오

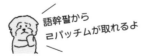

십시오は세요の
かしこまった表現
(ハムニダ体)だよ

194

謙譲を表す 活用3

-아/어 드리겠습니다
~してさしあげます
お~します

基本パターン

陽母音語幹 + -아 드리겠습니다

陰母音語幹 + -어 드리겠습니다

-아/어 드리다「~してさしあげる」や「お~する」に、-겠습니다をつけた**非常に丁寧な謙譲表現**です。-아/어 드리다는 -아/어 주다「~してあげる」の謙譲表現です。

11

文末で使える表現

● 例文を見てみましょう

私がご案内します。

제가 안내해 드리겠습니다.

私が　　　案内してさしあげます

안내하+여 드리겠습니다

안내하다 働 案内する

写真をお撮りします。

사진 찍어 드리겠습니다.

写真（を）　　撮ってさしあげます

찍+어 드리겠습니다

찍다 働 撮る

お包みしましょうか？

싸 드릴까요?

包んでさしあげましょうか？

싸+아 드릴까요?

ㄹ까요?
「~しましょうか？」は
P.191を見てね

싸다 働 包む

はい、テイクアウトにしてください。

네, 싸 주세요.

はい　　包んでください

싸+아 주세요

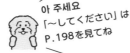

아 주세요
「~してください」は
P.198を見てね

memo

テイクアウトを頼むときは、**포장하다**「包装する」や**싸다**「包む」を使います。韓国では、料理はほとんどテイクアウトできますから、この表現をぜひ使ってくださいね。

-아/어 보세요
~してみてください

基本パターン	
陽母音語幹	＋ -아 보세요
陰母音語幹	＋ -어 보세요

試みを表す -아/어 보다「～してみる」の文末に、丁寧な命令の -세요「～してください」(→P.194) がついた表現で、**相手に何かを試みるように勧める**表現です。

● 例文を見てみましょう

韓国に一度行ってみてください。

🖊 가다 ⑩行く

한국에 한번 가 보세요.
韓国に　　一度　　行ってみてください
　　　　　　　　↑
　　　　　가+아 보세요

気に入ったら着てみてください。

🖊 입다 ⑩着る

마음에 들면 입어 보세요.
気に　　入ったら　着てみてください
　　　　　　　　↑
　　　　입+어 보세요

このキムチ、おいしいので召し上がってみてください。

🖊 드시다 ⑩召し上がる

이 김치 맛있으니까 드셔 보세요.
この　キムチ　おいしいので　召し上がってみてください
　　　　　　　　　　　　↑
　　　　　　　드시+어 보세요

一度食べてみたいです。

🖊 먹다 ⑩食べる

한번 먹어 보고 싶어요.
一度　食べてみたいです
　　　　↑
먹+어 보+고 싶어요

고 싶어요「～したいです」
(→P.182) と組み合わせた表現

状態の継続を表す 〔活用3〕

-아/어 있어요
～しています

基本パターン

陽母音語幹 ＋ -아 있어요

陰母音語幹 ＋ -어 있어요

　「日本に来ている」のように、**動作が終わった状態が続いている**ことを表します。これに対し、進行中の動作を表す「～している」や「～しつつある」には-고 있다を使います（→P.183）。

11

文末で使える表現

● 例文を見てみましょう

マイさんは今アメリカに行っています。

🖊 가다 働 行く

마이 씨는 지금 미국에 가 있어요.

マイ　　さんは　　　今　　アメリカに　　行っています

가＋아 있어요

「行く」という
動作が終わって、現在
アメリカにいる状態

この時間にコンビニは開いていますか？

🖊 열리다 働 開く

이 시간에 편의점이 열려 있어요?

この　　　時間に　　　コンビニは　　開いて　　いますか？

열리＋어 있어요?

「(店が)開く」という
動作が終わって、
今営業している状態

memo

●-아/어 있다と-고 있다の比較

友だちは、
今来つつあります。
친구는 지금 오고 있어요.

STATION

私は（すでに）来ています。
나는 와 있어요.

依頼を表す　活用3

-아/어 주세요
～してください

基本パターン

陽母音語幹 ＋ -아 주세요

陰母音語幹 ＋ -어 주세요

-아/어 주다「～してくれる」に、-세요 (→P.194) がついた形で、「～してください」とお願いしたり、丁寧に**依頼**したりするときの表現です。

● 例文を見てみましょう

仁川（インチョン）空港まで行ってください。

🔖 가다 働 行く

인천 공항까지 가 주세요.

インチョン　空港まで　行ってください

가+아 주세요

ゆっくり話してください。

🔖 말하다 働 話す

천천히 말해 주세요.

ゆっくり　　話してください

말하+여 주세요

ここにお名前をちょっと書いてください。

🔖 적다 働 書く、記入する

여기에 성함 좀 적어 주세요.

ここに　お名前(を)　ちょっと　書いてください

적+어 주세요

ドアをちょっと閉めてくださいますか？

🔖 닫다 働 閉める

문 좀 닫아 주시겠어요?

ドア(を)　ちょっと　閉めてくださいますか？

닫+아 주+시+겠어요?

尊敬を表す
시+겠어요? (→P.181) を使った、
より丁寧な依頼の表現

許可を表す　| 活用3 |

-아도/어도 돼요
~してもいいです

基本パターン

陽母音語幹 **＋** -아도 돼요

陰母音語幹 **＋** -어도 돼요

　-아도/어도「～しても」に되다「いい、かまわない」が続いた形で、「～してもいいです」と**相手に許可を与えたり**、疑問文にして「～してもいいですか？」と**許可を求める**表現です。

11
文末で使える表現

● 例文を見てみましょう

部屋に入ってもいいです。

방에 들어가도 돼요.

部屋に　　　　　　　　入ってもいいです

들어가＋아도 돼요

✎ 들어가다 ⑩ 入る、入っていく

窓を開けてもいいですか？

창문 열어도 돼요?

窓 (を)　　　開けてもいいですか？

열＋어도 돼요?

✎ 열다 ⑩ 開ける

あとで電話してもいいですか？

나중에 전화해도 돼요?

あとで　　　電話してもいいですか？

전화하＋여도 돼요?

✎ 전화하다 ⑩ 電話する

この靴を履いてみてもいいですか？

이 구두를 신어 봐도 돼요?

この　　　靴を　　　履いてみてもいいですか？

신＋어 보＋아도 돼요?

✎ 신다 ⑩ 履く

試みを表す
아/어 보다「～してみる」と
組み合わせた表現

199

-아야/어야 돼요
~しなければなりません

基本パターン

陽母音語幹 ＋ -아야 돼요

陰母音語幹 ＋ -어야 돼요

必要や**義務**など、しなければならないことを表します。**되다**の代わりに**하다**を使うこともできます。

● 例文を見てみましょう

朝10時に集合場所に行かなければなりません。

🏷 가다 動行く

아침 10시에 집합 장소에 가야 돼요.
朝　　10時に　　　集合　　　場所に　　行かなければなりません
↑
가 + 아야 돼요

ここでは、履きものを脱がなければなりません。

🏷 벗다 動脱ぐ

여기서는 신발을 벗어야 돼요.
ここでは　　　履きものを　　脱がなければなりません
↑
벗 + 어야 돼요

結果を待たなければなりません。

🏷 기다리다 動待つ

결과를 기다려야 해요.
結果を　　　待たなければなりません
↑
기다리 + 어야 해요

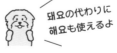
돼요の代わりに
해요も使えるよ

明日までに、ここにある本を全部読まなければなりません。

🏷 읽다 動読む

내일까지 여기 있는 책을 다 읽어야 해요.
明日まで（に）　ここ（に）　ある　本を　全部　読まなければなりません
↑
읽 + 어야 해요

있는は
있다「ある」の現在連体形

反切表 (ハングル早見表)

基本母音字と基本子音字の組み合わせの一覧表です。

基本子音字	ㅏ ア [a]	ㅑ ヤ [ja]	ㅓ オ [ɔ]	ㅕ ヨ [jɔ]	ㅗ オ [o]	ㅛ ヨ [jo]	ㅜ ウ [u]	ㅠ ユ [ju]	ㅡ ウ [ɯ]	ㅣ イ [i]
ㄱ [k,g]	가 カ／ガ	갸 キャ／ギャ	거 コ／ゴ	겨 キョ／ギョ	고 コ／ゴ	교 キョ／ギョ	구 ク／グ	규 キュ／ギュ	그 ク／グ	기 キ／ギ
ㄴ [n]	나 ナ	냐 ニャ	너 ノ	녀 ニョ	노 ノ	뇨 ニョ	누 ヌ	뉴 ニュ	느 ヌ	니 ニ
ㄷ [t,d]	다 タ／ダ	댜 ティャ／ディャ	더 ト／ド	뎌 ティョ／ディョ	도 ト／ド	됴 ティョ／ディョ	두 トゥ／ドゥ	듀 ティュ／ディュ	드 トゥ／ドゥ	디 ティ／ディ
ㄹ [r]	라 ラ	랴 リャ	러 ロ	려 リョ	로 ロ	료 リョ	루 ル	류 リュ	르 ル	리 リ
ㅁ [m]	마 マ	먀 ミャ	머 モ	며 ミョ	모 モ	묘 ミョ	무 ム	뮤 ミュ	므 ム	미 ミ
ㅂ [p,b]	바 パ／バ	뱌 ピャ／ビャ	버 ポ／ボ	벼 ピョ／ビョ	보 ポ／ボ	뵤 ピョ／ビョ	부 プ／ブ	뷰 ピュ／ビュ	브 プ／ブ	비 ピ／ビ
ㅅ [s/ʃ]	사 サ	샤 シャ	서 ソ	셔 シュ	소 ソ	쇼 ショ	수 ス	슈 シュ	스 ス	시 シ
ㅇ [ø]	아 ア	야 ヤ	어 オ	여 ヨ	오 オ	요 ヨ	우 ウ	유 ユ	으 ウ	이 イ
ㅈ [tʃ,dʒ]	자 チャ／ジャ	쟈 チャ／ジャ	저 チョ／ジョ	져 チョ／ジョ	조 チョ／ジョ	죠 チョ／ジョ	주 チュ／ジュ	쥬 チュ／ジュ	즈 チュ／ジュ	지 チ／ジ
ㅊ [tʃʰ]	차 チャ	챠 チャ	처 チョ	쳐 チョ	초 チョ	쵸 チョ	추 チュ	츄 チュ	츠 チュ	치 チ
ㅋ [kʰ]	카 カ	캬 キャ	커 コ	켜 キョ	코 コ	쿄 キョ	쿠 ク	큐 キュ	크 ク	키 キ
ㅌ [tʰ]	타 タ	탸 ティャ	터 ト	텨 ティョ	토 ト	툐 ティョ	투 トゥ	튜 ティュ	트 トゥ	티 ティ
ㅍ [pʰ]	파 パ	퍄 ピャ	퍼 ポ	펴 ピョ	포 ポ	표 ピョ	푸 プ	퓨 ピュ	프 プ	피 ピ
ㅎ [h]	하 ハ	햐 ヒャ	허 ホ	혀 ヒョ	호 ホ	효 ヒョ	후 フ	휴 ヒュ	흐 フ	히 ヒ

・ㄱ、ㄷ、ㅂ、ㅈは、語頭と語中で発音が変わり、発音記号の左側が語頭、右側が語中の発音です。
・子音字の発音記号は初声の発音です。子音字には、初声と終声(パッチム)で発音が変わるものがあります。
・ㅇは初声では発音されません。発音記号[ø]は、無音という意味です。

活用別語尾一覧

本書で解説した語尾表現を、
活用別に分類してまとめました。

活用 1

語幹にそのままつく語尾	意味	はたらき	P.
-거든요	～なんですよ	前置き、根拠	180
-겠어요	～します、～でしょう	意志、推量	181
-고	～して	並列、動作の先行	164
-고 싶어요	～したいです	願望、希望	182
-고 있어요	～しています	進行中の動作、反復動作	183
-기 좋아요	～しやすいです	容易さ	184
-네요※1	～ですね、～ますね	感嘆	185
-는※1	～する～、～している～	動詞・存在詞の現在連体形	173
-던	～だった～	形容詞・存在詞・指定詞の過去連体形	176
-죠(?)	～しましょう、～ですか?、～ますか?	勧誘、柔らかい疑問、確認・同意	186
-지 못하다	～できない	不可能	111
-지 않다	～しない、～くない	否定	107
-지만	～だが	逆説	165

※1　ㄹ語幹の場合、ㄹ脱落。

母音語幹と己語幹に つく語尾	子音語幹につく語尾	意味	はたらき	P.
-ㄴ	-은	～な～、～い～、 ～である～	形容詞・指定詞 の現在連体形	174
-ㄴ	-은	～した～	動詞の 過去連体形	175
-ㄴ 적이 있어요	-은 적이 있어요	～したことが あります	経験	187
-니까	-으니까	～ので、～から	理由、原因	166
-ㄹ	-을	～する(予定の)～、 ～する(はずの)～	未来連体形	177
-ㄹ 거예요	-을 거예요	～するつもりです、 ～でしょう	意志、推量	188
-ㄹ 수 있어요	-을 수 있어요	～することが できます	可能	189
-ㄹ게요	-을게요	～しますね	意志、約束	190
-ㄹ까요?	-을까요?	～しましょうか、 ～でしょうか	提案、推量	191
-러 ※2	-으러	～しに	目的	167
-려고 ※2	-으려고	～しようと	意図	168
-면 ※2	-으면	～れば、～たら	仮定、条件	169
-면 돼요 ※2	-으면 돼요	～ればいいです、 ～ならいいです	助言、許容	192
-면서 ※2	-으면서	～しながら、 ～でありながら	2つ以上の 動作や状態	170
-ㅂ니다 ※3	-습니다 ※3	～です、～ます	かしこまった 表現(ハムニダ体)	90
-ㅂ시다	-읍시다	～しましょう、 ～しよう	勧誘	193
-세요	-으세요	お～になります	尊敬	129

付録

② 活用別語尾一覧

-세요	-으세요	～してください、お～ください	丁寧な命令	194
-셨-	-으셨-	お～になった、お～だった	尊敬の過去	134
-시-	-으시-	お～になる	尊敬	128

※2 ㄹ脱落せず。
※3 -ㅂ니다の으がつく語尾として-읍니다がありましたが、1988年に標準語は-습니다に統一されました。-습니다を 活用1 とする見方もありますが、本書では学習のしやすさを考えて-ㅂ니다とともに 活用2 で扱うことにしました。

活用 3

陽母音語幹につく語尾	陰母音につく語尾	意味	はたらき	P.
-아	-어	～だ、～なの(か?)、～しよう、～しろ	パンマル(へ体)	99
-아 드리겠습니다	-어 드리겠습니다	～してさしあげます、お～します	謙譲	195
-아 보세요	-어 보세요	～してみてください	試み	196
-아 있어요	-어 있어요	～しています	状態の継続	197
-아 주세요	-어 주세요	～してください	依頼	198
-아도 돼요	-어도 돼요	～してもいいです	許可	199
-아서	-어서	～ので	理由・原因	171
-아서	-어서	～して	動作の先行	172
-아야 돼요	-어야 돼요	～しなければなりません	必要・義務	200
-아요	-어요	～です、～ます	うちとけた表現(ヘヨ体)	94
-았-	-었-	～だった、～した	過去	118

さくいん

日本語表現さくいん

●著者

長友英子（ながとも えいこ）

早稲田大学時代に韓国語と出合う。卒業後、韓国ソウル大学大学院に留学。筑波大学大学院博士課程教育学研究科で、戦後韓国の教育制度史を研究。NHK のテレビやラジオのハングル講座で講師を務める。NHK ラジオ「おもてなしのハングル」にも講師として出演。また、NHKBS の放送通訳、首脳会談などの会議通訳として活躍中。著書に『日本語の音がヒントになる！漢字語でひろがる 韓国語単語』（ジャパンタイムズ出版、共著）、『韓国語をひとつひとつわかりやすく。』（Gakken、共著）、『文法がしっかりわかる韓国語』『リアルな韓国語は、ことわざ 慣用表現から学ぶ』（以上池田書店、共著）ほか多数。

荻野優子（おぎの ゆうこ）

東京外国語大学外国語学部朝鮮語学科卒業。韓国ソウル大学国語国文科に留学。東京大学大学院総合文化研究科言語情報科学専攻博士課程単位取得退学。慶應義塾大学、フェリス女学院大学などで兼任講師を務める。著書に『日本語の音がヒントになる！漢字語でひろがる 韓国語単語』（ジャパンタイムズ出版、共著）、『韓国語をひとつひとつわかりやすく。』（Gakken、共著）、『文法がしっかりわかる韓国語』『リアルな韓国語は、ことわざ 慣用表現から学ぶ』（以上池田書店、共著）ほか多数。

●スタッフ

本文デザイン	岡田恵子（ok design）
イラスト	キタハラケンタ
校正	株式会社 アル
DTP	松井孝夫（スタジオプラテーロ）
録音	一般財団法人 英語教育協議会（ELEC）
ナレーション	イ・ミヒョン、イ・チュンギュン、兼安愛海
企画・編集協力	松井美奈子（編集工房アモルフォ）
編集担当	柳沢裕子（ナツメ出版企画株式会社）

ナツメ社Webサイト
https://www.natsume.co.jp
書籍の最新情報（正誤情報を含む）は
ナツメ社Webサイトをご覧ください。

本書に関するお問い合わせは、書名・発行日・該当ページを明記の上、下記のいずれかの方法にてお送りください。電話でのお問い合わせはお受けしておりません。
・ナツメ社 Web サイトの問い合わせフォーム　https://www.natsume.co.jp/contact
・FAX（03-3291-1305）
・郵送（下記、ナツメ出版企画株式会社宛て）
なお、回答までに日にちをいただく場合があります。正誤のお問い合わせ以外の書籍内容に関する解説・受験指導は、一切行っておりません。あらかじめご了承ください。

「わからない」がわかる韓国語

2023 年 3 月 3 日　初版発行

著 者	長友英子	© Nagatomo Eiko, 2023
	荻野優子	© Ogino Yuko, 2023
発行者	田村正隆	

発行所　**株式会社ナツメ社**
　　　　東京都千代田区神田神保町 1-52　ナツメ社ビル 1F（〒 101-0051）
　　　　電話　03(3291)1257(代表)　FAX　03(3291)5761
　　　　振替　00130-1-58661

制　作　**ナツメ出版企画株式会社**
　　　　東京都千代田区神田神保町 1-52　ナツメ社ビル 3F（〒 101-0051）
　　　　電話　03(3295)3921(代表)

印刷所　ラン印刷社

ISBN978-4-8163-7329-9
〈定価はカバーに表示してあります〉〈乱丁・落丁本はお取り替えします〉

Printed in Japan